AF607313

ÁBACO DE LA PÉRDIDA

Memorias en verso

SHOLEH WOLPÉ

ÁBACO DE LA PÉRDIDA

Memorias en verso

Traducción de Corina Oproae

VISOR LIBROS

VOLUMEN MCCLXXIV DE LA COLECCIÓN VISOR DE POESÍA

Título original: *Abacus of Loss: A Memoir in Verse*, 2022

Cubierta: Arghavan Khosravi. *Eye Witness*

Edición al cuidado de Nicole Brezin

Isaac Peral, 18 - 28015 Madrid
www.visor-libros.com

ISBN: 979-13-87745-74-5
Depósito Legal: M-9954-2025

Impreso en España - Printed in Spain
Gráficas Muriel. C/ Investigación, n.º 9. P. I. Los Olivos - 28906 Getafe (Madrid)

ABACUS OF LOSS

ÁBACO DE LA PÉRDIDA

For my great love Eduardo

Para mi gran amor Eduardo

An abacus is an instrument of remembering.

El ábaco es un instrumento para recordar.

COLOUR OF LOSS

EL COLOR DE LA PÉRDIDA

BEAD I

I sit at this kitchen table in Los Angeles
and take account: There is my childhood
house becoming smoke, friends scattered
like storm-blown dandelion seeds,
my mother tongue ripped blue from
my throat.

See the man I used to call husband
sinking into the twin lungs of an ice
beast, a love murdered by his own pallid
hands; see vein shades of lovers who
came and went, a homeland community
in jail, my cousin's husband graying on
the run, my school principal and his wife
hanging from beryl ropes.

> *That we choose the color*
> *of our loss, like a blue*
> *sash draped across*
> *mourners' black. That*
> *eyes follow blind*

•

CUENTA I

Sentada en la mesa de esta cocina de Los Ángeles
hago balance: la casa de mi infancia
que se hace humo, los amigos, esparcidos como
semillas de dientes de león en la tormenta,
la lengua materna arrancada de mi garganta
amoratada.

Veo al hombre al que solía llamar marido
hundiéndose en los pulmones de una bestia
helada, un amor asesinado por sus propias
manos pálidas; veo sombras venosas de amores
que vienen y van, mi comunidad encarcelada,
el marido de mi prima a la fuga, encanecido,
el director de mi colegio y su mujer colgando
de cuerdas de color añil.

> Elijamos el color
> de nuestra pérdida, una faja
> azulada sobre el negro
> de las plañideras. Que
> las miradas se alcen ciegas

towards the cobalt moon,
will slant us over and
down, crooked toward
mud on our graves.

روی من آبی موی من آبی خون من آبی فکر من آبی روح من آبی آه من آبی دست من آبی
خون من آبی جای من آبی زبان من آبی چشم من آبی روی من آبی فکر من آبی روح من آبی
موی من آبی فکر من آبی روی من آبی موی من آبی خون من آبی چشم من آبی روح من آبی
آه من آبی دست من آبی موی من آبی جای من آبی زبان من آبی چشم من آبی روی من آبی
فکر من آبی روح من آبی خون من آبی روح من آبی روی من آبی موی من آبی خون من آبی فکر من آبی
چشم من آبی آه من آبی دست من آبی زبان من آبی جای من آبی موی من آبی چشم من آبی
روی من آبی فکر من آبی روح من آبی خون من آبی آه من آبی روی من آبی موی من آبی خون من آبی
فکر من آبی روح من آبی چشم من آبی دست من آبی جای من آبی زبان من آبی چشم من آبی
روی من آبی فکر من آبی روح من آبی موی من آبی خون من آبی روی من آبی چشم من آبی
فکر من آبی خون من آبی موی من آبی روح من آبی آه من آبی دست من آبی زبان من آبی
جای من آبی زبان من آبی چشم من آبی روی من آبی فکر من آبی روح من آبی موی من آبی
فکر من آبی روی من آبی موی من آبی خون من آبی چشم من آبی روح من آبی آه من آبی
دست من آبی موی من آبی جای من آبی زبان من آبی چشم من آبی روی من آبی فکر من آبی
روح من آبی خون من آبی روح من آبی روی من آبی موی من آبی خون من آبی فکر من آبی
چشم من آبی آه من آبی دست من آبی زبان من آبی جای من آبی موی من آبی چشم من آبی
روی من آبی فکر من آبی روح من آبی خون من آبی آه من آبی روی من آبی موی من آبی خون من آبی
فکر من آبی روح من آبی چشم من آبی دست من آبی جای من آبی زبان من آبی چشم من آبی
روی من آبی فکر من آبی روح من آبی . موی من آبی خون من آبی روی من آبی چشم من آبی
فکر من آبی خون من آبی موی من آبی روح من آبی آه من آبی دست من آبی زبان من آبی جای من آبی
موی من آبی چشم من آبی روی زبان من آبی جای من آبی من آبی فکر من آبی روح من آبی

hacia la luna de cobalto
dejándonos abatidos,
desviados hacia el barro
de nuestras tumbas.

روی من آبی   موی من آبی   خون من آبی   فکر من آبی   روح من آبی   آه من آبی   دست من آبی
خون من آبی   جای من آبی   زبان من آبی   چشم من آبی   روی من آبی   فکر من آبی   روح من آبی
موی من آبی   فکر من آبی   روی من آبی   موی من آبی   خون من آبی   چشم من آبی   روح من آبی
آه من آبی   دست من آبی   موی من آبی   جای من آبی   زبان من آبی   چشم من آبی   روی من آبی
فکر من آبی   روح من آبی   خون من آبی   روح من آبی   روی من آبی   موی من آبی   خون من آبی   فکر من آبی
چشم من آبی   آه من آبی   دست من آبی   زبان من آبی   جای من آبی   موی من آبی   چشم من آبی
روی من آبی   فکر من آبی   روح من آبی خون من آبی   آه من آبی   روی من آبی   موی من آبی   خون من آبی
فکر من آبی   روح من آبی   چشم من آبی دست من آبی   جای من آبی   زبان من آبی   چشم من آبی
روی من آبی   فکر من آبی   روح من آبی   موی من آبی   خون من آبی   روی من آبی   چشم من آبی
فکر من آبی   خون من آبی   موی من آبی   روح من آبی   آه من آبی   دست من آبی   زبان من آبی
جای من آبی   زبان من آبی   چشم من آبی   روی من آبی   فکر من آبی   روح من آبی   موی من آبی
فکر من آبی   روی من آبی   موی من آبی   خون من آبی   چشم من آبی   روح من آبی   آه من آبی
دست من آبی   موی من آبی   جای من آبی   زبان من آبی   چشم من آبی   روی من آبی   فکر من آبی
روح من آبی   خون من آبی   روح من آبی   روی من آبی   موی من آبی   خون من آبی   فکر من آبی
چشم من آبی   آه من آبی   دست من آبی   زبان من آبی   جای من آبی   موی من آبی   چشم من آبی
روی من آبی   فکر من آبی   روح من آبی   خون من آبی   آه من آبی   روی من آبی   موی من آبی   خون من آبی
فکر من آبی   روح من آبی   چشم من آبی   دست من آبی   جای من آبی   زبان من آبی   چشم من آبی
روی من آبی   فکر من آبی روح من آبی   موی من آبی   خون من آبی   روی من آبی   چشم من آبی
فکر من آبی   خون من آبی   موی من آبی   روح من آبی آه من آبی   دست من آبی   زبان من آبی   جای من آبی
موی من آبی   چشم من آبی   روی زبان من آبی   جای من آبی   من آبی   فکر من آبی   روح من آبی

BEAD II

Loss is a language
we all speak well,
a body moan that echoes
between ribs, the downfall
that becomes windfall.

CUENTA II

La pérdida es una lengua
que todos hablamos bien,
un gemido que resuena
entre las costillas, la desdicha
que se convierte en dicha.

BEAD III

Granddaddy takes me and my brothers out every Friday to a circus filled with tigers, elephants, horses, and shirtless men in glittering tights. There are women tinier than my child's body, animals bigger than my room. It is roaring fun until the giant with four faces. My arms begin to shake. Shivers ripple to the tips of my fingers. Granddaddy puts a hand on my shoulder, says: It's just a mask on his head.

But I know better

> *because anything that's loved—*
> *a delicious granddaddy day*
> *in that circus in Tehran,*
> *sticky cotton candy melting*
> *its pink song into my mouth,*
> *my brothers, each naughty, toothy with joy—*
>
> *is always burning toward*
> *a future not yet come,*
> *fireworks in my brain,*
> *hot sparks welded to each memory.*

CUENTA III

Todos los viernes el abuelo nos lleva a mí y a mis hermanos a un circo lleno de tigres, elefantes, caballos y hombres sin camisetas con mallas relucientes. Hay mujeres más pequeñas que mi cuerpo de niña, animales más grandes que mi cuarto. Todo es extremadamente divertido hasta que aparece el gigante de cuatro caras. Mis brazos empiezan a temblar. Los escalofríos me recorren hasta la punta de los dedos. El abuelo me toca el hombro y me dice: *Es solo una máscara en su cabeza.*

Pero yo sé que no

porque todo lo que se ama
—un hermoso día con el abuelo
en aquel circo de Teherán,
el algodón de azúcar pegajoso derritiendo
su canción rosada en mi boca,
mis hermanos, traviesos, con dientes de alegría—

arde siempre hacia un futuro
aún por llegar,
fuegos artificiales en mi mente,
chispas soldadas a cada recuerdo.

BEAD IV

A painted cardboard car
gives birth to
clown after clown.

Like lovers: the soldier, the thief,
the cheater, the pyscho lawyer.

CUENTA IV

Un coche de cartón pintado
da paso
a un payaso tras otro.

Como los amores: el soldado, el ladrón,
el tramposo, el abogado psicópata.

BEAD V

Teacher says: List seven pleasures of life. *His mustache is a street cat's tail. His index finger cuts the air. He says:* Think morally, philosophically, *and poetically, screeching his shoes along the narrow aisle between our desks.*

Goli is teacher's pet. She gets everything right. *Her name is called. She stands up and unwrinkles her uniform. Her pleasure list swims with God, with angels, goodness, and love.*

I bite the insides of my cheeks.

When it's my turn, when I get to number 3, teacher inhales a noisy lungful of air and bangs his ruler on my desk.

Now, outside the principal's office, I roll up my left sleeve to hide a pomegranate stain. I watch the long-sighted secretary wrinkle her nose as she hammers an ancient typewriter. This is my third time in this chair.

I look at my list, again. It's a good list. An honest list. The best list in the whole city. Moses had his ten commandments. This is my seven.

CUENTA V

El maestro dice: *Enumeren siete placeres de la vida.* Su bigote es la cola de un gato callejero. Su dedo índice corta el aire. Dice: *Piensen moral, filosófica y poéticamente,* y sus zapatos chirrían por el estrecho pasillo entre nuestros pupitres.

Goli es la preferida del maestro. Todo lo hace bien. La llama por el nombre. Ella se levanta y se alisa el uniforme. En su lista de placeres nadan los ángeles, Dios, la bondad y el amor.

Me muerdo los labios.

Cuando me toca a mí y llegó al número tres, el maestro toma una ruidosa bocanada de aire y golpea su regla contra mi pupitre.

Ahora, frente al despacho del director, me arremango para ocultar una mancha de granada en mi brazo izquierdo. Observo cómo la secretaria hipermétrope arruga la nariz mientras martillea una antigua máquina de escribir. Es mi tercera vez en esta silla.

Repaso mi lista. Es una buena lista. Una lista honesta. La mejor lista de toda la ciudad. Moisés tenía sus diez mandamientos. Aquí están mis siete.

BEAD VI

Seven pleasures:

1. Sneak up to the rooftop while everyone sleeps and star-tan in your underwear while talking to God.

2. Pee in the rain gutter when Ahmad the bully passes by. He deserves every drop.

3. Peek through keyholes, anywhere, anytime. What's on the other side is always more interesting.

4. Scout the upper dining room cupboards for the raisin cookies Mama buys from Imperial Bakery on Amir Abad Street.

5. Dance in a mosque. But be prepared to die right after.

6. When shaking hands with the boy you like, sneak your phone number into his sweating palm.

7. Say no when all they want is yes.

CUENTA VI

Siete placeres:

1. Escabullirme a la azotea cuando todos duermen y broncearme bajo las estrellas en ropa interior mientras hablo con Dios.

2. Orinar en el canalón cuando pasa Ahmad, el malote. Se merece hasta la última gota.

3. Espiar por la mirilla en cualquier momento y en cualquier lugar. Lo que hay al otro lado siempre es más interesante.

4. Buscar en los armarios altos del comedor las galletas de pasas que mamá compra en la panadería Imperial de la calle Amir Abad.

5. Bailar en una mezquita. Y estar lista para morir justo después.

6. Al saludar al chico que me gusta, deslizar mi número de teléfono en su mano sudorosa.

7. Decir no cuando lo único que ellos quieren es un sí.

THIS COFFIN

ESTE ATAÚD

BEAD I

I lie on my old spring bed, thinking about girls who slit their wrists; who pour kerosene on their heads and light a match. I'll be thirteen soon.

We kiss
the warm earth,
lips drawing
moans from the sea.

Like ghosts in flimsy shrouds
fountains of semen
re-create us
sinew by shadow by flesh.

And this coffin?
Mine.

CUENTA I

Tumbada en mi vieja cama de muelles pienso en las muchachas que se cortan las venas, que rocían su cabeza con queroseno y encienden una cerilla. Pronto cumpliré trece años.

Besamos
la tierra cálida,
nuestros labios le arrancan
gemidos al mar.

Como fantasmas en frágiles mortajas,
surtidores de semen
nos recrean
tendón por sombra por carne.

¿Y este ataúd?
Es mío.

BEAD II

Mama's cousin is soon to be married. She's visiting from her village and they've installed her in my room. I ask about her fiancé. She says you're too young for that talk. *Every night she shoves my doll into my arms and kisses me goodnight. Who takes comfort from sleeping with a stiff Mattel-made plastic body? If I tell her this, her eyelashes will blink away my words. I clutch the doll and say* goodnight.

Billboards retch
meandering slogans, strike
eyes with guns
clutched by fetching rough men.
Gone are the Marlboro cowboys
roping their cattle, half-smoked
cigarettes dangling from mouths.

CUENTA II

La prima de mamá se va a casar pronto. Llega del pueblo y la instalan en mi cuarto. Le pregunto por su prometido. Dice: *Eres demasiado joven para esas cosas.* Antes de dormir me planta una muñeca en los brazos y me da un beso de buenas noches. ¿A quién le reconforta dormir con un cuerpo de plástico rígido fabricado por Mattel? Si se lo digo, ahuyentará en un abrir y cerrar de ojos mis palabras. Agarro la muñeca y digo: *Buenas noches.*

Los anuncios arrojan
eslóganes serpenteantes, nos golpean
la vista con armas
empuñadas por hombres apuestos y rudos.
Atrás quedaron los vaqueros de Marlboro
que ataban al ganado con un cigarro
a medio fumar entre los labios.

BEAD III

I'm on a hill high above Tehran. Below, the city is veiled with smog. I take a deep breath and walk down into the gray mass. When I return, I write what I have seen. In one story, a girl is stolen by a monster who hides her in a cave and loves her until she catches his monster-ness like a cold. In another, a boy whose schoolmates call him najes, *unclean, takes revenge by spitting into their Coke bottles when they are not looking. I have fifteen such stories. I submit one to a contest at school and win. I show Mama and Daddy the medal and read them the story; they smile and say:* Bah-bah, *good job. When I tell them I have many more, they say,* Go do your homework, it's almost dinnertime.

The house is corpses of women
cooking meal after meal.
The house is my voice
trapped beneath blue bedsheets.
It is a child on a rooftop watching
stars, those scorching bodiless
heads, shoot across night sky.

CUENTA III

Estoy en una colina en lo alto de Teherán. Abajo, la ciudad cubierta de niebla tóxica. Respiro hondo y me adentro en la masa gris. Cuando regreso, escribo lo que he visto. En una de las historias, un monstruo roba a una niña, la esconde en una cueva y la ama hasta contagiarle su monstruosidad como si fuera un resfriado. En otra, un chico al que los compañeros de escuela llaman *najes*, inmundo, se venga escupiendo en sus botellas de Coca-Cola cuando no lo ven. Tengo quince historias así. Presento una de ellas a un concurso del colegio y gano. Les enseño a mamá y a papá la medalla y les leo esa historia; sonríen y dicen: *Bah-bah*, bien hecho. Cuando les cuento que tengo muchas más, me piden: *Ve a hacer los deberes, casi es la hora de la cena.*

Casa son cadáveres de mujeres
que cocinan una comida tras otra.
Casa es mi voz
atrapada bajo sábanas azules.
Es una niña en la azotea mirando
las estrellas, cabezas incandescentes
sin cuerpo, que atraviesan la noche.

My country stands behind a tree
laden with fruit, yet hungry.
Instead of seeds it plants
landmines in the fertile soil;
arranges vowels along
its windowsills like shells
from an oil-ridden shore.

I carry my coffin on my back.

Mi país está detrás de un árbol
repleto de fruta, pero hambriento.
En lugar de semillas, planta
minas en la tierra fértil;
dispone vocales en los alféizares
como conchas de una playa
manchada de petróleo.

Llevo mi ataúd a cuestas.

BEAD IV

I contemplate opening my veins with Mama's kitchen knife. I ask the poster of Googoosh, my pop rebellious idol: What's the point? Would my death cancel the wedding they are planning? Will it stop all jolly feasts in the family this year? Next year? Will they sing at my funeral? *Googoosh narrows her eyes, lifts up her chin and says:* Wear a red dress, will you?

This city chokes in morning glory
which grows along its tall windows
over the tables and chairs of restaurants
through the crevices of brick walls
in old libraries.

At the border stations they fill up
our tanks with
shoes and nightmares.

CUENTA IV

Sopeso la posibilidad de cortarme las venas con el cuchillo de cocina de mamá. Le pregunto al póster de Googoosh, mi cantante favorita, mi ídolo rebelde del pop: *¿Qué sentido tiene? ¿Acaso mi muerte cancelaría la boda que planean? ¿Pondría fin a todas las alegres fiestas familiares de este año? ¿Del año que viene? ¿Cantarían en mi funeral?* Googoosh entrecierra los ojos, levanta el mentón y dice: *Anda, ponte un vestido rojo.*

La ciudad se ahoga en la gloria de la mañana
que crece a lo largo de las ventanas altas
sobre las mesas y las sillas de los restaurantes
a través de las grietas en los muros
de las viejas bibliotecas.

En las fronteras llenan
nuestros depósitos con
zapatos y pesadillas.

BEAD V

I have perfected the art of eavesdropping. I hide behind furniture. Crawl under Mama's bed. Listen to adults. The skeleton keyhole of my bedroom door opens to the living room. I stick into it a long straw taped to heavy paper rolled into an ear trumpet.

At night, the adults bring out baklava and tea. They huddle around the bubbling samovar and talk. Our walls are thick. So they don't whisper. Mama talks as if she's swallowed the school principal's loudspeaker. She claims she is deaf in one ear because my father snores like an elephant. I say, Elephants don't snore. *She points at Daddy and says,* This one does.

Now I hold my breath and listen. But they are not speaking about a marriage. They are not laughing. Panic like smoke enters through the keyhole. Who has been arrested?

> *Fear rocks the cradle until the city falls silent.*
> *It licks the inky outlines of churches*
> *and temples from its lips; the shadows*
> *of unbelievers and infidels.*

CUENTA V

He perfeccionado el arte de escuchar a escondidas. Me escabullo entre los muebles. Me arrastro bajo la cama de mamá. Escucho a los adultos. Por el ojo de la cerradura de mi puerta se ve el salón. Coloco allí una pajita pegada a un papel grueso enrollado como una trompetilla.

Por la noche, los adultos sacan el *baklava* y el té. Se reúnen alrededor del burbujeante samovar y se ponen a charlar. Las paredes son gruesas. Así que nadie susurra. Mamá habla como si se hubiese tragado el altavoz del director de la escuela. Dice que está sorda de un oído porque mi padre ronca como un elefante. *Los elefantes no roncan*, le digo. Señala a papá y dice: *Este sí.*

Ahora contengo la respiración y escucho. Pero no están hablando de ninguna boda. No se ríen. El pánico entra por el ojo de la cerradura, como el humo. ¿A quién han detenido?

> El miedo mece la cuna hasta que la ciudad calla;
> devora los contornos tintados de iglesias y templos,
> las sombras de incrédulos e infieles,
> y se relame los labios.

Doors uproot themselves.
Want some ash for your soup?
A little for your lover's tea?
I promise, I will not haunt you.
This is only to cure
us. Of our names.

Las puertas se arrancan de sus goznes.
¿Quieres un poco de ceniza en tu sopa?
¿Un poco en el té de tu amor?
Prometo no atormentarte.
Es solo para curarnos.
De nuestros nombres.

BEAD VI

In Trinidad, my aunt takes care of me. My grandmother cooks and gives plenty of advice. I get fat. My skin isn't dark enough. It isn't white enough. My hair doesn't curl tight nor does it drop straight like a waterfall. I wish I could iron my tongue, crease it sharp so I could belong.

Women sing absence like opera.
They sprinkle it on white sheets like perfume,
graft it to trees like branches from homeland,
indelible scarifications on their lips.

The dance is this late breeze,
swings the hangman's rope.
Cold fingers through my hair.

CUENTA VI

En Trinidad, la tía cuida de mí. La abuela cocina y da consejos a todo el mundo. Engordo. Mi piel no es lo bastante oscura. No es lo bastante blanca. Mi cabello no se riza con fuerza ni cae recto como una cascada. Me gustaría poder planchar mi lengua, alisarla para pertenecer al lugar.

> Las mujeres cantan la ausencia como arias de ópera,
> la rocían en las sábanas blancas como perfume,
> la clavan en los árboles como ramas de su tierra,
> cicatrices indelebles en sus labios.
>
> La danza es esta brisa tardía
> que mece la cuerda del ahorcado.
> Dedos fríos en mi cabello.

BEAD VII

Daddy sends me to an all-girls boarding school in England. My roommate has long blonde hair. She mocks the dark hair above my lips. I buy tweezers. Mama's cousin calls, says the Basij came knocking on our door looking for her husband. He ran out the back door, thank God. But they would not leave empty-handed. They went next door and arrested our pregnant Bahá'í neighbor.

I want my Mattel doll back. I want it shoved into my arms. I promise not to eavesdrop.

> *Refugees trail the narrow roads*
> *like sheep wandering edges*
> *of hallucination.*
> *They have no names, and their throats*
> *are foggy with mournful songs.*
> *They are the dead who smell of bone-ash.*
> *They carry their coffins on their backs*
> *and the bones in their eyes ache.*

CUENTA VII

Papá me manda a un internado para chicas en Inglaterra. Mi compañera de habitación tiene el pelo largo y rubio. Se burla del vello oscuro encima de mi labio. Me compro unas pinzas. La prima de mamá llama, dice que los Basich acudieron a nuestra puerta buscando a su marido. Salió corriendo por atrás, gracias a Dios. Pero no se fueron con las manos vacías. Llamaron a la puerta de al lado y arrestaron a nuestra vecina bahá'í embarazada.

Quiero que me devuelvan mi muñeca de Mattel. Quiero que me la planten en los brazos. Prometo dejar de escuchar a escondidas.

> Los refugiados surcan los caminos estrechos
> como ovejas que vagan por los bordes
> de la alucinación.
> No tienen nombre y sus gargantas
> se empañan de cantos lúgubres.
> Son muertos con olor a ceniza.
> Llevan sus ataúdes a cuestas
> y les duelen los huesos de los ojos.

BEAD VIII

Think of those left behind, *he says.* The young girls they just hanged—for refusing to convert. *A good religious girl, I'm on display under a bell jar. No boyfriends. No late-night parties. No drinking. In the United States of America, all Daddy cares about is protecting my virginity. He guards it like his wallet.*

Don't wish for death.
It may hear you and come
dressed like a clown.

Don't wear your scars like notes
scribbled in the margins of books.
Don't line your shoes along the cold wings
of a plane about to take off.

Fear licks my living skin like a lynx.
I walk with a coffin on my back.

CUENTA VIII

Piensa en las que quedaron atrás, dice. *En aquellas chicas a las que ahorcaron por no querer convertirse.* Como buena chica religiosa, me exhiben bajo una campana de cristal. Nada de novios. Nada de fiestas hasta la madrugada. Nada de alcohol. En los Estados Unidos de América, lo único que le importa a papá es proteger mi virginidad. La custodia como si fuera su cartera.

> No desees la muerte.
> Podría oírte y acudir
> vestida de payaso.
>
> No lleves tus cicatrices como notas
> garabateadas en el margen de un libro.
> No coloques tus zapatos sobre las alas frías
> de un avión a punto de despegar.
>
> El miedo lame mi piel viva como un lince.
> Camino con un ataúd a cuestas.

BEAD IX

To escape Daddy's rules, I get married. He is relieved. It's exhausting to protect a girl in a place like the United States of America. He holds his head between his palms when Mama reminds him of what we have lost. The losing never stops. Not just things. Family. Neighbors. People we have known all our lives. Dr. so-and-so is now a dishwasher at a diner in DC. The engineer who built such-and-such bridge lays tiles in rich people's homes in LA. My school principal and his wife… well, they just disappeared.

Tonight, I lose the way to my next dream.

Like a candle in a paper boat
Daddy offers me to the sea.
I chant every prayer I know
but no mermaid takes pity
and returns to me my childhood.

My songs will not wake the moon's face,
the house-grass, snow, donkeys
burdened with almonds.

CUENTA IX

Para huir de las reglas de papá, me caso. Se siente aliviado. Es agotador proteger a una chica en un lugar como Estados Unidos. Se agarra la cabeza con las manos cuando mamá le recuerda lo que hemos perdido. Nunca dejamos de perder. No solo cosas. Familia. Vecinos. Gente de toda la vida. El Dr. Fulano de Tal ahora lava platos en un restaurante en Washington D. C. El ingeniero que construyó este o aquel puente coloca azulejos en las casas de los ricos en Los Ángeles. El director de mi escuela y su esposa… vaya, han desaparecido.

Esta noche, pierdo el rumbo a mi próximo sueño.

Como una vela encendida en un barquito de papel,
papá me entrega al mar.
Entono todas las oraciones que conozco,
pero ninguna sirena se apiada
y me devuelve a la infancia.

Mis cantos no despertarán el rostro de la luna,
la hierba de la casa, la nieve o los burros
bajo el peso de las almendras.

Instead, the sound of knives
sharpens against darkness.

Instead, my blouse aches from this cold,
contagious absence.

En cambio, el sonido de los cuchillos
se afila contra la oscuridad.

En cambio, me duele hasta la ropa
de esta ausencia contagiosa y fría.

BEAD X

For a girl like me, living at home with her conservative parents, the only way to have sex is to get married.

I pick the youngest of them. A few years older than me, he too is a virgin, alas! which makes our first night… well, a bit complicated.

Someone says: Think cucumber. *Now, I'm a Persian girl, so of course I imagine a tiny Persian cucumber, the kind my mother chops, five or six at a time, and puts in our Shirazi salad. But this is America and a single cucumber is a rolling pin.*

A man tells my husband: The first night is like slaughtering lamb—make it swift. *Well, how to be swift with a clueless virgin is a conundrum my young husband does not solve that night.*

The day after, at the customary lunch party, men eye me with playful ease. I can almost hear their thoughts: Not a virgin anymore… eh? *They look me up and down to see how much I have changed from the night before, as if a man's penis is God's miracle rod, electricity and all.*

CUENTA X

Para una chica como yo, con unos padres conservadores, la única forma de tener sexo es casarse.

Elijo al más joven, unos años mayor que yo, también virgen, ¡ay!, lo que hace que nuestra primera noche… sea un poco complicada, digamos.

Alguien dice: *Piensa en un pepino.* Como soy persa, por supuesto que me imagino un diminuto pepino persa, de de esos que mi madre corta cinco o seis a la vez para nuestra ensalada Shirazi. Pero esto es América y un solo pepino es un rodillo.

Un hombre le dice a mi marido: *La primera noche es como sacrificar un cordero. Hazlo rápido.* Pero cómo ser rápido con una virgen ingenua es un enigma que mi joven marido no puede resolver esa noche.

Al día siguiente, en el almuerzo tradicional, los hombres me lanzan miradas jocosas. Casi puedo oír lo que piensan: *Ya no eres virgen… ¿eh?* Me miran de arriba abajo para ver cuánto he cambiado, como si el pene de un hombre fuera la vara milagrosa de Dios, con electricidad y todo.

I go to the bathroom and throw up in the mirror.

It is years
later when I taste a durian.
It smells of that night: a mélange
of onions and used gym socks.
It tastes like his kisses: creamy
garlic, caramel, whipped cream.

I eat the durian because I can,
because it is delicious, the way
throwing up is delicious after
a humiliating meal.

Voy al baño y vomito en el espejo.

Años más tarde
pruebo un durián.
Huele a esa noche: una mezcla
de cebolla y calcetines sudados de gimnasio.
Sabe a sus besos: ajo cremoso,
caramelo, nata montada.

Me como el durián porque puedo,
porque es delicioso, como
es delicioso vomitar después
de una comida humillante.

BEAD XI

I divorce and marry again. I look for home under every rock, inside every shirt, between pistachio shells, even in the smoky cloud rising from kebabs cooking over hot coals. I am naïve. So I have children. They teach me everything except the meaning of home. And when they are gone, I run. Again.

There is no kitchen on that rooftop.
Here are the abandoned bicycles.
The colors you buried between walls.
This rush of a train over a crumbling bridge.

The hyacinths carry the stench of false spring,
its incessant comings and goings, like lovers—
the bandit wolf, the psychotic cat,
that horny dog.

Come back, Sholeh the child.
Let me splash inside you again,
sit in you without fear of drowning.
Let me drink from you,
declare you my country,

CUENTA XI

Me divorcio y me vuelvo a casar. Busco mi hogar debajo de cada piedra, de cada camisa, entre las cáscaras de los pistachos, incluso en la nube de humo que sube de los kebabs cocinados sobre las brasas. Soy ingenua. Así que tengo hijos. Me lo enseñan todo, menos lo que significa un hogar. Y cuando se van, huyo. Otra vez.

No hay cocina en la azotea.
Están las bicicletas abandonadas.
Los colores enterrados entre muros.
La prisa de un tren sobre un puente en ruinas.

Los jacintos apestan a primavera falsa,
con sus continuos vaivenes, como mis amores:
el lobo bandido, el gato psicótico,
ese perro cachondo.

Vuelve, niña Sholeh.
Déjame adentrarme en ti otra vez,
zambullirme en ti sin miedo a ahogarme.
Déjame beber de ti,
proclamarte mi país,

defend you with my wounded knees,
make my curly hair your flag,
my ribs, your borders.

defenderte con mis rodillas heridas,
hacer de mi pelo rizado tu bandera,
de mis costillas, tus fronteras.

BEAD XII

Lovers. They come and are ejected. The entertainer who steals; the hallucinating attorney; the trumpet player with medals and guns; the double-dealing psychologist. The sum of them is less than zero. There is nothing left to subtract. Every spring, the tree in the backyard regains its leaves, but the mockingbird returns with the same damn song in his beak.

> *It is raining heartbeats again*
> *between operatic war sirens*
> *and the high notes of falling bombs.*
> *Rain washing the cobblestones,*
> *of ink, blood,*
> *washing till only ash remains*
> *clinging to my coffin like mud.*

CUENTA XII

Amores. Vienen y van. Los descarto. El productor de teatro que roba, el abogado demente, el trompetista con medallas y pistolas, el psicólogo traidor. La suma de todos ellos es inferior a cero. No hay nada que restar. Pero cada primavera el árbol del patio trasero recupera sus hojas y el ruiseñor regresa con la misma maldita canción en el pico.

Vuelven a llover latidos
entre operísticas sirenas de guerra
y las notas altas de las bombas que caen.
La lluvia lava los adoquines
de tinta, de sangre,
los lava hasta que solo queda ceniza
aferrada como barro a mi ataúd.

BEAD XIII

There is nothing but a flickering universe. God, a reckless adolescent, hardwired hope into our neurons. Beauty opens its eyes and greets us with its sky. We spread open our arms even though we know the blue is a lie.

Every day, I stand in front of a firing squad.
Eyes tightly bound with a red kerchief,
I think about my mortgage, the price of utilities,
the color of their boots.
I stand in my puddle and worry
about my burial expenses.
They aim, but do not shoot.

I dedicate this poem to the coffin on my back.

CUENTA XIII

No hay más que un universo titilante. Dios, un adolescente temerario, ha programado la esperanza en nuestras neuronas. La belleza abre los ojos y nos saluda con su cielo. Nosotros abrimos los brazos, aunque sabemos que el azul es una mentira.

Cada día estoy frente al pelotón de fusilamiento.
Los ojos vendados con un pañuelo rojo.
Pienso en la hipoteca, en las facturas,
en el color de sus botas.
En mi pequeño charco, me preocupo
por los gastos de mi propio entierro.
Ellos apuntan, pero no disparan.

Dedico este poema al ataúd que llevo a cuestas.

THE WORLD GROWS
BLACKTHORN WALLS

AL MUNDO LE CRECEN MURALLAS DE ESPINOS

BEAD I

Home is a missing tooth.
The tongue reaches
for hardness
but falls
into absence.

CUENTA I

El hogar es un diente que nos falta.
La lengua busca
rigidez,
pero solo encuentra
ausencia.

BEAD II

Tall, stiff and spiny.
Try to make it to the other side
and risk savage thorns.

We who left home in our teens,
children who crossed boundaries and were torn
by their thousand serrated tongues,
we who bear scars that bloom and bloom
beneath healed skins,
                    who have we become?

I ask myself:
          Is home my ghost?
Does it wear my underwear
folded neatly in the antique chest
of drawers I bought twenty years ago,
nest inside my blouse that hangs
from one metal hanger I cannot discard?
Is it lost between these lines of books
shelved alphabetical in a language
I was not born to? Or here on the lip
of this chipped cup
my last lover left behind?

CUENTA II

Altas, rígidas, afiladas.
Intenta llegar al otro lado
a pesar de las espinas salvajes.

Nosotros, que marchamos de casa adolescentes,
niños que cruzamos fronteras y fuimos despedazados
por mil lenguas dentadas,
nosotros, que llevamos heridas que florecen
bajo la piel cicatrizada,
¿en quiénes nos hemos convertido?

Me pregunto si casa
será mi fantasma,
si llevará mi ropa interior
guardada en la antigua cómoda
que compré hace veinte años,
si habrá anidado en mi blusa colgada
en una percha que no me atrevo a tirar.
Acaso esté extraviada entre filas de libros
ordenados alfabéticamente en un idioma
en el que no nací. O aquí, en el borde
de esta taza desportillada
que mi último amor olvidó.

I carry seeds in my mouth. Plant
turmeric, cardamom, and tiny
aromatic cucumbers in this garden.
Water them with rain I wring
from my grandmother's songs.
They will grow, I know, against
these blackthorn walls.
They can push through anything, uncut.

I left home at thirteen.
I hadn't lived enough to know how
not to love.
Home was the Caspian Sea, the busy bazaars,
the aroma of kebab and rice, Friday
lunches, picnics by mountain streams.
I never meant to stay away.

They said come back
and you will die.

Exile is a suitcase with a broken strap.
I fill up a hundred notebooks with scribbles,
throw them into fire and begin again,
this time tattooing the words on my forehead,
this time writing only not to forget.

Complacency is catching like the common cold.
I swim upstream to lay my purple eggs.

Llevo semillas en la boca. Planto
cúrcuma, cardamomo y diminutos
pepinos aromáticos en el jardín.
Los riego con la lluvia que arranco
de las canciones de la abuela.
Crecerán, lo sé, por encima
de las murallas de espinos.
Se abrirán paso, ilesos.

Me fui de casa a los trece.
No había vivido lo suficiente como para saber
no amar.
Casa era el mar Caspio, los bazares bulliciosos,
el aroma del kebab y el arroz, los almuerzos
de los viernes, los picnics junto a los arroyos.
                    Nunca quise irme tan lejos.

Dijeron: *Vuelve*
y morirás.

El exilio es una maleta con el asa rota.
Lleno cien cuadernos de garabatos,
los arrojo al fuego y vuelvo a empezar,
esta vez me tatúo las palabras en la frente,
esta vez escribo solo para no olvidar.

La complacencia se contagia como un catarro.
Nado a contracorriente para dejar mis huevos púrpura.

They say draw sustenance from this land,
but look how my fruits hang in spirals
and smell of old notebooks and lace.

What is a transplanted tree
but a time being
who has adapted to adoption?

Spirits urge and spirits go,
they weep and wail at the door of the temple
where I sit at the edge of an abyss.
Perhaps it's only in exile that spirits arrive.

But even this is an illusion.

Dicen: *Saca sustento de esta tierra,*
pero mira cómo cuelgan mis frutos en espiral
y huelen a cuadernos viejos y a encaje.

¿Qué es un árbol trasplantado
sino *un ser en el tiempo,*
resignado a la adopción?

Los espíritus apremian, los espíritus se van,
lloran y se lamentan en la puerta del templo,
donde pendo al borde de un abismo.
Tal vez los espíritus solo acuden en el exilio.

Pero incluso esto es una ilusión.

BEAD III

Dear America,
you used to creep into my room,
remember?

I was eleven and you kept coming,
night after night, in Tehran, slid in
from inside the old radio on my desk, past
the stack of geometry homework, across
the faded Persian carpet, and thrust
into me with rock and roll thumps.

I loved you more than bubble gum,
more than the imported bananas
street vendors sold for a fortune.

I thought you were azure, America,
and orange, sky and poppies,
like Mama's new dress, and kumquats.

I dreamed of you America, I dreamed
of you every single night with the ferocity
of a lost child until you became true like flesh.

CUENTA III

Querida América,
solías colarte en mi cuarto,
¿lo recuerdas?

Yo tenía once y tú venías
noche tras noche, a Teherán, te deslizabas
desde la vieja radio de mi escritorio,
pasabas por la pila de deberes de matemáticas, sobre
la desgastada alfombra persa, y me arremetías
con tus golpes de *rock and roll.*

Te quería más que al chicle,
más que a los plátanos importados
que vendían en la calle por un ojo de la cara.

Pensaba que eras azur, América,
como el vestido nuevo de mamá, y kumquats,
y naranja, cielo y amapolas.

Soñaba contigo, América, soñaba
contigo cada noche con la ferocidad de un niño
extraviado hasta que te volviste real como la carne.

And when I arrived,
you punched yourself into me
like a laugh.

Y cuando llegué,
me embestiste
como una carcajada.

BEAD IV

Here come the octopi of war
tentacles wielding guns, missiles
holy books and colorful flags.

Don't fill your pens with their ink.
Write with your fingernails, scratch
light upon these darkened days.

CUENTA IV

Ya están aquí los pulpos de la guerra,
tentáculos que empuñan armas, misiles,
libros sagrados y banderas de colores.

No cargues tu pluma con su tinta.
Escribe con las uñas, rasga
luz para estos días oscuros.

BEAD V

I know what it's like to be an outsider, a kharejee.

I know how English sounds
when every word is only music.

I know how it feels not
to be an American, an English, a French.
Call them
—Amrikayee, Ingleesee, Faransavi,
see them
see me as alien, immigrant, Iranee.

But I've been here so long
they may call me American,
with an American husband
and American children…

But mark this— I do not belong anywhere.
I have an accent in every language I speak.

CUENTA V

Sé lo que es ser extranjera, una *kharejee.*

Sé cómo suena el inglés
cuando cada palabra es solo música.

Sé lo que es no ser
americano, inglés, francés.
Los llaman
        Amerikayee, Ingleesee, Faransavi,
los ven,
        me ven como intrusa, como inmigrante, *Iranee.*

Pero llevo aquí tanto tiempo
que me pueden llamar americana,
        con un marido americano,
        con hijos americanos…

Pero recuerda: no pertenezco a ningún sitio.
Tengo acento en todos los idiomas.

PLEASE STOP

PARA, POR FAVOR

BEAD I

The day a wrinkled cousin put her hands on me and said she would teach me about men and their women, I said, please, stop.

The day a mustached waiter placed his palms on my young chest and rubbed as he helped me across the street, I said, please, stop.

The day a stranger danced his fingers under my skirt in a dark cinema when I was ten, I said, please, stop.

The day my boss closed the door to his office and felt my thighs under the cover of his working table, I said, please, stop.

The day an eminent Iranian scholar set his wine glass on the railing of a fence, grabbed my shoulders and pulled me in for a kiss, I pushed him back and said, please, stop.

The day a lover shoved me hard against the bedroom wall and bruised my wrists, I said, please, stop.

I have always been such a polite girl.

CUENTA I

El día que una prima llena de arrugas me metió mano y me dijo que me enseñaría cosas sobre los hombres y sus mujeres, le dije: *Para, por favor.*

El día que un camarero bigotudo colocó sus manos sobre mi pecho joven y lo frotó mientras me ayudaba a cruzar la calle, le dije: *Para, por favor.*

El día que un desconocido deslizó sus dedos bajo mi falda en un cine oscuro, cuando yo apenas tenía diez años, le dije: *Para, por favor.*

El día que mi jefe cerró la puerta de su despacho y palpó mis muslos por debajo de la mesa donde trabajábamos, le dije: *Para, por favor.*

El día que un eminente erudito iraní dejó su copa de vino sobre una verja, me agarró de los hombros y tiró de mí para besarme, lo aparté y le dije: *Para, por favor.*

El día que un novio me empujó con fuerza contra la pared del dormitorio y me lastimó las muñecas, le dije: *Para, por favor.*

Siempre he sido una chica muy educada.

BEAD II

I don't want them, those spicy corpses washed
and fried, crickets caught at the moment of flight
like terrified citizens of Pompeii.

But it's a few drinks past noon and we are flirting,
this man and I,
he, in his high leather boots , three pedigree dogs by his side,
me, in flowing silk cinched tight around my waist.

The guests drink tequila, suck on quartered limes,
wander our host's plush garden this side of Cuernavaca,
hidden behind these ivy-crusted walls.

Again, I say no
to the handful of tiny bodies he holds before my lips.
They smell of chili and sparkle with crystal salt.

His teeth are an unbroken row of stiff cavalry
clad in faded white.
One, two, three.
Then, See? *He laughs.* Not so bad.

He pushes them into my mouth, says: Swallow.

CUENTA II

No me apetecen esos cadáveres picantes, lavados
y fritos, grillos atrapados en pleno vuelo
como habitantes aterrados de Pompeya.

Pero ya son unas copas pasadas el mediodía
y estoy flirteando con este hombre,
él con botas de cuero altas de montar, tres perros de raza
a su lado, y yo, en vaporosa seda ceñida a la cintura.

Los invitados beben tequila, chupan limas troceadas,
pasean por el lujoso jardín de nuestro anfitrión a este lado
de Cuernavaca, oculto tras los muros cubiertos de hiedra.

Una vez más le digo no
al hombre que acerca a mis labios esos pequeños cuerpos.
Huelen a guindilla y la sal resplandece.

Sus dientes son una hilera rígida de soldados
vestidos de blanco roto.
Uno, dos, tres.
Y luego: *¿Ves?* Se ríe. *No están mal.*

Me los mete en la boca y dice: *Traga.*

BEAD III

The yellow daisies along the runway droop from thirst. I haven't had my shot of espresso and the fellow next to me keeps staring at my breasts.

Last night, at the hour between night and dawn
books grew feet they dangled from wooden shelves,
the salt shaker on the kitchen table
was an object from Andromeda,
and the white lilies suddenly gagged
on their own stamen tongues.

I close my eyes, pretend the man is a cockroach, but his stare laser-burns my nipples, sets fire to the twin cities under this thin purple blouse.

Ghosts can be inhaled,
secrets held between eyelashes,
and the scent of light splashes carelessly
across a naked body.

Perhaps I don't love you anymore.

CUENTA III

Las margaritas amarillas que bordean la pista de aterrizaje se encogen de sed. Aún no me he tomado mi taza de café expreso y el tipo de al lado no para de mirarme los pechos.

Al despuntar el alba, los libros amanecieron con pies
que colgaban de los estantes de madera,
el salero en la mesa de la cocina
era un objeto de la Andrómeda
y los lirios blancos se atragantaron
con sus propias lenguas de estambre.

Cierro los ojos, pretendo que el hombre que me mira es una cucaracha, pero él me quema los pezones como un láser, incendia las ciudades gemelas bajo mi delgada blusa violeta.

Los fantasmas se respiran,
secretos guardados entre pestañas,
y el aroma de la luz salpica despreocupado
un cuerpo desnudo.

Quizás ya no te quiera.

I pick up a book, hold it high in front of me. He shifts his body, drops his head, then nervously twiddles his thumbs. When I lower the book, his gaze returns to my chest.

We break into tears and sweat
just as easily as they break into us.
It's like lighting a candle at noon.
It's writing this poem with lemon juice.

I shift my body, look straight into his creeping blue eyes and prepare to stab him with my tongue.

Madness is a sad song that repeats
night's blue wisdom,
its swollen confessions,
its puckered mouth.

The man blinks and quickly says: Please forgive me. I have OCD and won't be able to bear this long flight if that pin on your blouse remains unhooked.

The fastest way out of a labyrinth
is up.

Cojo un libro y lo sostengo delante de mis ojos. El hombre se mueve, inclina la cabeza y gira nervioso sus pulgares. Cuando bajo el libro, su mirada vuelve a mi pecho.

> Lloramos y sudamos con la misma soltura
> con la que nos invaden los fantasmas.
> Es como encender una vela a mediodía.
> Como escribir este poema con zumo de limón.

Me muevo, miro directamente a sus rastreros ojos azules y me dispongo a apuñalarlo con la lengua.

> La locura es una canción triste que repite
> la sabiduría azul de la noche,
> sus confesiones hinchadas,
> su boca fruncida.

El hombre parpadea y enseguida dice: *Por favor, perdóneme. Tengo un trastorno obsesivo-compulsivo y no podré soportar este largo vuelo si no acomoda el broche que lleva en su blusa.*

> La salida más rápida de un laberinto es
> hacia arriba.

BEAD IV

Each day I wake up and something's changed.

The parrot in the cage has stopped speaking English.
The line of ants has skipped the syrup.
The lawn has changed its mind
and is now leaning left.

The radio has gone opera, and the bananas
have softened for the strawberries.
The air, sabotaged by light, now courses
from the china cabinet towards the knife
drawer, and the skylights leak leaves.

The crows have dipped their tails in white paint,
the fat pygmy goat is in love with a coyote,
and love has become so red, the trees have bent
their leafy heads, coughing blood.

CUENTA IV

Cada día me levanto y algo es diferente.

El loro en la jaula ya no habla inglés.
La hilera de hormigas esquiva el sirope.
El césped ha cambiado de opinión
y ahora se inclina hacia la izquierda.

La radio se ha vuelto ópera y los plátanos
se derriten por las fresas.
El aire, saboteado por la luz, se dirige
desde la vitrina al cajón de los cuchillos,
y las claraboyas gotean hojas.

Los cuervos han mojado sus colas en pintura blanca,
la cabra enana se ha enamorado del coyote,
y el amor se ha puesto tan rojo que los árboles doblan
sus copas frondosas y tosen sangre.

BEAD V

What do you do when the old kettle you've put on flames for tea begins to whimper like an injured bird?

A. Ignore it and drop your face back into your book.

B. Stare at it like the Pope has just dropped his pants.

C. Go outside and smoke a French cigarette. Never mind that you don't smoke.

D. Empty the kettle and examine the inside like a lunatic.

E. Remain in your kitchen chair and sob hysterically because that whimper was yours all along.

CUENTA V

¿Qué hacer cuando la vieja tetera que has puesto a hervir para el té empieza a chillar como un pájaro herido?

A. Ignorarla y volver a meter tus narices en el libro.

B. Mirarla como si el papa se bajase los pantalones.

C. Salir y fumarte un cigarrillo francés. Da igual que no fumes.

D. Vaciar la tetera y examinar su interior como una desquiciada.

E. Quedarte en la silla de la cocina y sollozar, histérica, porque ese gemido siempre ha sido tuyo.

UN (LOVERS)

DES(AMORES)

BEAD I

On the bed's edge,
that precipice of loneliness,
sleep withholds its grace.

He presses his groin to my ass, his warm hands loving my breasts, the hollow of my waist, my shoulder's arching bones. He presses his lips on the nape of my neck then sinks his head in my hair like a man who's seen the dark ghosts of fog.

I want to trample
this pain, give him
the lions in my throat,
the swans in my groin,
these wolves in my hips,
but my skin cries no, my bones
won't budge, and my tongue refuses.

When he pulls away, cold air stirs, awakens a chill that freezes and rends our lives into a thousand irretrievable shards.

CUENTA I

Al borde de la cama,
ese barranco de soledad,
el sueño me niega su gracia.

Él me agarra por detrás, sus manos tibias acarician mis pechos, la curva de mi cintura, los huesos arqueados de mis hombros. Besa mi nuca y hunde su cabeza en mi cabello como un hombre que alguna vez ha visto fantasmas oscuros de niebla.

Quiero pisotear
este dolor, darle a él
los leones de mi garganta,
los cisnes de mis muslos,
las lobas de mis caderas,
pero mi piel grita no, mis huesos
se paralizan y mi lengua se resiste.

Cuando se aparta, un aire gélido arrecia y despierta un escalofrío que congela y resquebraja nuestras vidas en mil esquirlas irrecuperables.

BEAD II

He wraps the bedsheet around his naked waist,
goes to the window, lights a cigarette.

He smells of things distant: lemon groves,
almond blossoms and gun powder.

It is almost noon, and the sky has thrown
its searchlight on his shaved head.

A cool breeze investigates the scars
on his back. A truck passes by, releases its city smells.

He looks at me, says: Habibti, it's time to go.
I drown deeper into the mattress.

Someone turns on the radio next door.

Our passports lie on the yellow Formica table
side by side, two countries at war.

CUENTA II

Él se anuda la sábana alrededor de la cintura,
se acerca a la ventana y enciende un cigarrillo.

Huele a cosas lejanas: limoneros,
flores de almendro y pólvora.

Es casi mediodía y el cielo proyecta
un gran foco sobre su cabeza rapada.

Una brisa fresca investiga las cicatrices de su espalda.
Un camión pasa y desprende olores de ciudad.

Él me mira y dice: *Habibti, es hora de irse.*
Me hundo todavía más en el colchón.

Cerca, alguien enciende la radio.

Nuestros pasaportes yacen en la mesa de formica amarilla,
uno al lado del otro, dos países en guerra.

BEAD III

Yesterday I saw the ghost of a shark.
Today there was a tarantula in my hat.

I've come to Journey's End in Belize
with my mate of twenty years to salvage
what Mama calls our holy bond.

He says, Let's pray. *I take off my clothes.*
I say, Let's cha-cha. *He pops a valium.*

I've never had a pistachio, *says the bartender.*
Does it grow in a bush? *He sucks out the salt,*
spits the hard shell into my open palm.

I crack the shell like a vow,
place the meat on his tongue.

CUENTA III

Ayer vi la sombra de un tiburón.
Hoy, una tarántula en mi sombrero.

He venido a Journey's End en Belice con mi marido
para salvar lo que mamá llama
nuestro vínculo sagrado de veinte años.

Él dice: *Vamos a rezar.* Y yo me quito la ropa.
Le digo: *Vamos a bailar el chachachá.* Y él se traga un
Valium.

Nunca he probado un pistacho, dice el barman.
¿Crecen en un arbusto? Chupa la sal,
escupe la cáscara dura en la palma de mi mano.

Rompo la cáscara como si fuesen votos,
pongo el fruto en su lengua.

BEAD IV

The moon is a bruised fist tonight.
It has obliterated the stars.

I sleepwalk across the tiny island
to you, mi Hombre sin Miedo,
my stony love.

It's dark and the padre in the chapel
with his missing arm and chipped toes
is soaked in yellow holy halo.

But you, mi amor, *my lichen-crusted*
beloved, stand against this moon-lit wall,
eyes sewn to the sea. Such sadness
in the curve of your spine, the tilt of your neck.

Does the smell of death still reek
through the crevices of this blood-stained wall?

Do the cries of men in Franco's blizzard of lead
still echo in the chiseled chambers of your ears?

Here are my eyelashes.
Take them in your lips.

CUENTA IV

Esta noche la luna es un puño magullado.
Ha borrado las estrellas.

Atravieso sonámbula la pequeña isla
hacia ti, mi Hombre sin Miedo,
mi amor de piedra.

Está oscuro y el padre en la capilla,
manco y con los dedos del pie astillados,
se empapa de un amarillento halo sagrado.

Pero tú, mi amor cubierto de liquen,
estás de pie contra esta pared iluminada por la luna,
con los ojos cosidos al mar. Tanta tristeza
en la curva de tu columna, en la inclinación de tu cuello.

¿Todavía te llega el hedor a muerte
desde las grietas de este muro manchado de sangre?

¿Todavía resuenan en las cámaras cinceladas de tus oídos
los gritos de la tormenta plomiza de Franco?

He aquí mis pestañas.
Tómalas en tus labios.

Here is my forehead.
Let it rest on your chin.

Here is my tongue.

Something behind the wall shudders and shakes
the ancient oak. Leaves flutter and rain.

We kiss like ghosts.

He aquí mi frente.
Deja que repose en tu barbilla.

He aquí mi lengua.

Algo tras el muro tiembla y sacude
el viejo roble. Las hojas revolotean y caen.

Nos besamos como fantasmas.

BEAD V

This is how a woman unfolds sin by sin, wipes away the memories that condense like fog on the glass of her heart, as if what's beneath deciphers life.

> *When I think of home,*
> *it is always in the colors of night.*
>
> *Tomorrow is just a name*
> *meaning: another day, another*
> *story hung from a string*
> *thin as an eyelash.*

Fat ghosts hover above this bed where I worship a silver wolf. The better to see you my dear, the better to feel your skin, soft as powdered gold.

CUENTA V

Así se despliega una mujer, pecado a pecado, limpiando los recuerdos que empañan el cristal de su corazón, como si lo que hubiera detrás descifrase la vida.

Cuando pienso en casa,
pienso en los colores de la noche.

Mañana es solo un nombre
que significa otro día, otra
historia que pende de un hilo
fino como una pestaña.

Fantasmas pesados sobrevuelan la cama en la que venero a un lobo plateado. *Para verte mejor, cariño, para sentir tu piel mejor, suave como oro en polvo.*

PINK

ROSA

BEAD I

She is still bleeding three days later, still in pain. We return to the clinic on the other side of town. Her feet are put back into the stirrups, her legs pulled apart. There are pieces still clinging to her womb like strands of red algae. The procedure has to be repeated.

No, no, *she sobs,* I can't do it again.

CUENTA I

Tres días después sigue sangrando, aún tiene dolor. Regresamos a la clínica, al otro lado de la ciudad. Le colocan de nuevo los pies en los estribos y le separan las piernas. Todavía hay trozos asidos a su vientre, como hebras de algas rojas. Hay que repetir la intervención.

No, no, solloza, *no puedo volver a hacerlo.*

BEAD II

Mama used to call her "prime good". The way she blinked her green eyes and deepened her dimples, the way she swayed her hips and unbound her silky brown hair from a tight ponytail, triggered desire even in straight women.

Now she lies on a cold hard bed,
legs sprawled.
She scrunches her face,
bites her lower lip,
lifts her shoulders and neck,
and squeezes my hand so hard
I want to scream

I brush away strands of hair from her eyes,
this girl who was once the jewel of Tehran.

CUENTA II

Mamá solía llamarla «primor». La forma en que pestañeaba con sus ojos verdes acentuando sus hoyuelos, la forma en que mecía sus caderas y soltaba su sedoso pelo castaño de una apretada coleta atraía incluso a las mujeres.

Ahora, tumbada de piernas abiertas
en una cama rígida y fría,
arruga la cara,
se muerde el labio inferior,
levanta los hombros y el cuello,
y me aprieta la mano con tanta fuerza
que quiero gritar.

Le quito el pelo de los ojos
a la chica que una vez fue la joya de Teherán.

BEAD III

We met when we were eleven at a summer camp at the base of Alburz Mountain. She came dressed in enviable jeans made in the UK, I came armed with a new skit I had written and copied in lined notebooks. We each wanted what the other had: I, her exquisite beauty, and she, my easy wit.

> *We folded into each other*
> *like a two-paper origami.*

Boys I had a crush on, fell for her. It would be a lie to say it didn't hurt. But beauty like that was a gift from God. So, I became the chronicler of her tears, the dispenser of advice, the therapist, the silly cheer-up clown.

CUENTA III

Nos conocimos a los once en un campamento de verano junto a los montes Elburz. Ella iba vestida con unos envidiables vaqueros fabricados en el Reino Unido, yo iba armada con copias de una nueva parodia que había escrito en un cuaderno de rayas. Cada una quería lo que tenía la otra: yo, su exquisita belleza, y ella, mi ingenio natural.

Nos plegamos la una en la otra
como dos papeles de origami.

Los chicos que me gustaban se enamoraban de ella. Mentiría si dijera que no me dolía. Pero una belleza así era un regalo de Dios. Así que me convertí en la cronista de sus lágrimas, la dispensadora de consejos, la terapeuta, la payasa que la animaba.

BEAD IV

Now, between her thighs,
the doctor is playing
a war game with her body's desire
to hold on to what has been imposed—
by nature, God, angels, chance.
What does it matter now?

CUENTA IV

Ahora, entre sus muslos,
el médico juega
a un juego de guerra con el deseo del cuerpo
de aferrarse a lo que le ha sido impuesto
por la naturaleza, los ángeles, Dios, el azar.
¿Y eso qué importa ahora?

BEAD V

Her Persian lover is doused with Paco Rabanne aftershave. He sits in the clinic's spotless waiting room. They were once in love. Or lust. He has two kids; she has one. He has a conservative wife; she's divorced. He is ambitious; she is bitter about what life has dealt her. Perspectives make any story playdough. You can shape and tell it a hundred ways.

Silence.
Then the plop,
the clink
of metal against metal.

The doctor walks over to the counter, puts the bowl in the sink, then leaves. His leather shoes suction the linoleum floor.

I casually wander to the sink.
(Shouldn't have).
What's inside that metal bowl
melts my marrow—

not because it's gruesome,
or violent,

CUENTA V

Su amante persa se rocía con perfume de Paco Rabanne. Está sentado en la impecable sala de espera de la clínica. Hace tiempo se querían. O se deseaban. Él tiene dos hijos; ella, una. Él tiene una esposa conservadora; ella está divorciada. Él es ambicioso; ella está amargada por cómo ha ido su vida. La perspectiva convierte cualquier historia en plastilina. Puedes darle forma y contarla de cien maneras distintas.

Silencio.
Luego el *plop*,
el tintineo
del metal contra el metal.

El médico se acerca a la mesa, deja el cuenco en el fregadero y se marcha. Sus zapatos de piel aspiran el suelo de linóleo.

Con disimulo me deslizo hacia allí.
(No debería).
Lo que veo en ese cuenco
me revuelve las entrañas…

no porque sea horripilante,
o violento,

but because it's a nothing,
just a slimy pink ooze.

Is this how we begin?
This?

sino porque casi no es nada,
solo un viscoso exudado rosa.

¿Es así como empezamos?
¿Así?

BEAD VI

She moans, It hurts. *I don't know if she means her heart or her womb. I look away from the sink, and something catches fire between my eyebrows, a scalding ache like the sting of a scorpion. I pull a blanket over my friend. She closes her eyes. Her face is swollen. Lines around her eyes spread like runaway roads to nowhere.*

CUENTA VI

Ella gime: *Duele.* No sé si se refiere al corazón o al vientre. Aparto la mirada del fregadero y algo se enciende entre mis cejas, un dolor hirviente como la picadura de un escorpión. Tapo a mi amiga con una manta. Ella cierra los ojos. Tiene la cara hinchada. Las líneas alrededor de sus ojos se extienden como carreteras a ninguna parte.

BEAD VII

He believed in skin to skin.
Pills nauseated her.
She imagined she was too old to sprout his seed.

Each time he brought her tuberoses
wrapped in golden cellophane.

CUENTA VII

Él creía en eso de sentir la piel.
A ella le daban náuseas las píldoras.
Se imaginaba que ya era vieja para germinar su semilla.

Siempre le llevaba nardos
envueltos en celofán dorado.

BEAD VIII

I throw up my breakfast in the bathroom, yogurt and peaches that look like a whirling universe of pink starfish. The doctor comes back, asks my friend how she is feeling. She cries. I go to the waiting room and watch her lover pay the bill in cash. His wallet is black. He counts the bills one by one.

CUENTA VIII

Vomito el desayuno en el baño: yogur y melocotones que parecen un universo arremolinado de estrellas de mar de color rosa. El médico vuelve y le pregunta a mi amiga cómo se encuentra. Ella llora. Voy a la sala de espera y observo cómo su amante paga la factura en efectivo. Su cartera es negra. Cuenta los billetes uno a uno.

BEAD IX

How is she? *he asks.*
I shrug.
He drops his head, shakes it east to west, west to east.
I do love her, *he says.*
His eyes are the color of burnt toast.

I rub the pain between my eyebrows, tell him, She doesn't want to see you. *He nods, turns to leave then stops.* Tell her I'm sorry. For this. For everything.

I want to say, Tell her yourself, jellyfish.
But my tongue is suddenly stone.

CUENTA IX

¿Cómo está?, me pregunta.
Me encojo de hombros.
Baja la cabeza, la sacude de este a oeste, de oeste a este.
La quiero, dice.
Sus ojos tienen el color de una tostada quemada.

Me froto el dolor entre las cejas y le digo: *No quiere verte.*
Asiente, se da la vuelta para irse, pero se detiene. *Dile que lo siento. Por esto. Por todo.*

Quiero contestarle: *Díselo tú, gusano.*
Pero mi lengua es de piedra.

BEAD X

She is dressed and ready to go. Walking is difficult. Living is difficult. Especially today.

> *Shame is indelible.*
> *If you let it, it will stain*
> *your forehead like a tattoo.*

The doctor puts his hand on her shoulder, pats it gently. He is like that steel bowl, he holds within himself what he yanks out. That is his sacrifice.

He looks at me, straight at me, and I know he's read my thoughts. Or maybe every friend who comes to hold hands has the same thought, this same grateful look. Maybe he registers us all in his eyes and stows us away in the vaults of his consciousness for the days when he battles fear, doubt or fatigue.

CUENTA X

Está vestida y lista para marchar. Caminar es difícil. Vivir es difícil. Sobre todo hoy.

> La vergüenza es indeleble.
> Si la dejas, te marcará
> la frente como un tatuaje.

El médico le pone la mano en el hombro con delicadeza y la acaricia. Es como ese cuenco de acero: guarda en su interior lo que arranca. Ese es su sacrificio.

Él me mira, me mira a los ojos, y sé que me ha leído el pensamiento. O quizá todas las que venimos a darle la mano a una amiga tenemos el mismo pensamiento, esta misma mirada agradecida. Quizá nos registra a todas en sus ojos y nos guarda en las bóvedas de su conciencia para los días en que lucha contra el miedo, la duda o el cansancio.

BEAD XI

Her apartment smells of dead tuberoses. I tuck her in, make her chicken soup. She wants a cigarette. I give her two. She smokes five. Drinks tea. Refuses soup. I pick up her daughter from school, buy her a new backpack. The girl is happy. Life is that simple when you are nine. At McDonald's, she mixes ketchup and mayonnaise, spreads it on her burger. The same shade of pink.

CUENTA XI

Su apartamento huele a nardos muertos. La acuesto, le preparo sopa de pollo. Quiere un cigarrillo. Le doy dos. Se fuma cinco. Bebe té. Rechaza la sopa. Recojo a su hija del colegio, le compro una mochila nueva. La niña es feliz. La vida es así de sencilla cuando tienes nueve años. En McDonald's, mezcla mayonesa y kétchup y lo unta en su hamburguesa. El mismo tono rosa.

BEAD XII

The doctor is scraping my friend's womb once more. I put my hand on her shoulder and squeeze. She looks up at me and suddenly she is as she was all those years ago at the summer camp in Iran. I am struck by the powerful pull of her bright green eyes. Beauty was not her blessing.

This is my punishment, *she cries.* God is punishing me for my sins.

I want to say, God in whose garment?
Under what mask?
In what country and under what law?
But this is not the time for religious quarrels.

Instead,
I pinch myself pink.
The pain radiates, numbs
my tongue so that the only sound
I push out of my throat
is a hushed desperate groan.

CUENTA XII

El médico vuelve a raspar el vientre de mi amiga. Estiro la mano y le aprieto el hombro. Me mira y de pronto es la misma de hace años en aquel campamento de verano en Irán. Me estremece la poderosa atracción de sus brillantes ojos verdes. La belleza no ha sido su bendición.

Este es mi castigo, grita. *Dios me castiga por mis pecados.*

Quiero decirle: *¿Dios bajo qué ropajes?*
¿Bajo qué máscara?
¿En qué país y bajo qué ley?
Pero no es el momento de disputas religiosas.

En lugar de eso,
me pellizco. Mi piel se vuelve rosada.
El dolor irradia, adormece
mi lengua y el único sonido
que sale de mi garganta
es un gemido desesperado.

FAITH

FE

BEAD I

A blank page is not innocent
because it is white.
Innocence is not
blank.

CUENTA I

Una hoja en blanco no es inocente
        por blanca.
La inocencia no es
        blanca.

BEAD II

We're all trees, upright,
heading towards winter. Shedding
leaves is our fucking fate.

CUENTA II

Todos somos árboles erguidos,
dirigiéndonos hacia el invierno. Perder
las hojas es nuestro maldito destino.

BEAD III

Sitting with three open books black with the meandering calligraphy of a "terrorist language" at an American airport is a terrible idea.

But five hours early, what's a girl to do but risk it, open what she must under the watchful eyes of TSA and cameras that blink when a person of unknown dark curly-hair origin is spotted with undecipherable texts, possibly manuals for mass destruction of something.

A few people pass by, too casually perhaps, and peek at the books, but in the end, it's a sweeper who soft-shoes his way towards me, a Latino Fred Astaire with fake bushy mustache. He runs his broom to and fro, moving dust closer and closer to my ridiculously high-heeled red shoes, then stops. He pretends to notice me for the first time, puts his small chin on the stick of his broom, gathers his mouth as if around a cut lemon, squints, then asks in Spanish, ¿Qué es eso? Griego?

Good move, I think, so you no hablas inglés, amigo. *I look up and give him a sly smile. He parts his lips, slightly. His*

CUENTA III

Sentarse en un aeropuerto norteamericano con tres libros abiertos, ennegrecidos por la serpenteante caligrafía de una «lengua terrorista» no es la mejor idea.

Pero con cinco horas por delante, ¿qué puede hacer una chica sino arriesgarse, abrir lo que debe abrir bajo la atenta mirada del servicio de vigilancia del aeropuerto y de las cámaras que parpadean cuando descubren a una persona de origen desconocido, de pelo rizado y oscuro, con textos indescifrables, posiblemente manuales para la destrucción masiva de quién sabe qué?

La gente pasa fingiendo despreocupación mientras echa un vistazo a los libros, pero al final es un barrendero, un Fred Astaire latino de falso bigote tupido, el que avanza hacia mí como si bailara claqué. Pasa la escoba de un lado a otro, acercando cada vez más el polvo a mis zapatos rojos de tacón ridículamente alto, y luego se detiene. Pretende fijarse en mí por primera vez, apoya su barbilla en el palo de la escoba, frunce los labios como si mordiera un trozo de limón, entrecierra los ojos y pregunta en español: *¿Qué es eso? ¿Griego?*

Buena jugada, pienso, así que no hablas inglés, amigo. Levanto la vista y le dirijo una sonrisa socarrona. Él separa

teeth are corn-yellow. A smoker for sure. But that mustache? It takes all my strength to not reach up and pull. To see if it comes off.

I answer in Spanish, No, this isn't Greek, it's Persian poetry.

He lifts his chin, says, ¡Bien! ¡Hablas Español! *He then bends over the book for a closer look. I say, this time in English,* Poetry, *and point to the shape of the couplets.* See? *I say,* A line of Persian poetry consists of two hemistiches separated like this. *I point to the blank space between the parted texts. He ungathers his lips from their concentrated pose, nods, mumbles something about how he hated memorizing poetry at school, then in perfect accentless English:* Don't miss your flight.

With that, he turns on his heels and just as deliberately, soft-shoes back, towards some place, over there, broom still in hand, past a door that appears and disappears like an itch, scratched.

ligeramente los labios. Tiene los dientes amarillos como el maíz. Fumador, sin duda. ¿Y ese bigote? Tengo que contenerme para no tocarlo y tirar para ver si se le sale.

Le contesto también en español: *No, esto no es griego, es poesía persa.*

Levanta la barbilla y dice: *¡Bien! ¡Hablas español!* Se inclina sobre el libro para mirarlo de cerca. Le digo, esta vez en inglés: *Poesía*, y señalo la forma de los pareados. *¿Ves? Un verso de poesía persa consta de dos hemistiquios divididos así.* Señalo el espacio en blanco entre los dos bloques. Él libera los labios de su pose pensativa, asiente, murmura algo sobre cómo odiaba memorizar poesía en la escuela y, a continuación, en un perfecto inglés sin acento, dice: *No pierdas el vuelo.*

Luego gira sobre sus talones y, con la misma deliberación, se retira bailando su claqué, con la escoba aún en la mano, hacia el lugar de donde vino, más allá de una puerta que aparece y desaparece como un picor al rascarse.

BEAD IV

I say God is just a vagabond
peddling bombs and swords
and Daddy says he'll never speak to me again.

Aunt calls on the phone and monologues for hours.
Brothers shake their heads in disbelief.

They ask why, but my answer
is in a tongue they refuse.
It is printed on a flag they do not recognize.

A mound of question marks allows greater oxygen
than periods and exclamation marks.

I tell Mama, Look, I'm bathed in light.
She says, No, child, it's the Beloved leaving your soul.

CUENTA IV

Digo que Dios no es más que un vagabundo
que vende bombas y espadas
y papá dice que no volverá a hablarme.

La tía llama por teléfono y monologa durante horas.
Mis hermanos sacuden la cabeza incrédulos.

Preguntan por qué, pero les respondo
en una lengua que ellos rechazan,
impresa en una bandera que no reconocen.

Un montón de signos de interrogación dejan pasar
más oxígeno que los puntos y los signos de exclamación.

Le digo a mamá: *Mira, estoy bañada en luz.*
Ella dice: *No, niña, es Dios que abandona tu alma.*

BEAD V

I tell Mama I am leaving
religion and its foggy tales.
She points at the wall of books in my room,
says, It's their fault.

CUENTA V

Le digo a mamá que abandono
la religión y sus cuentos nebulosos.
Ella señala la pared llena de libros de mi cuarto
y dice: *Ellos son los culpables.*

BEAD VI

It isn't like you bend your dainty spirit neck down from God's baby-soul-land and point to a copulating couple who strike your fancy.

Don't think it works that way.

You are blind-folded and shot down through heaven's tunnel into life and where you plop willy-nilly that's your home.

> *The Jewish couple may be in the act*
> *at the same time as their Muslim neighbor.*
>
> *Where you end up*
> *even the cherub who pushed you off*
> *the edge can't know.*

We grow up forgetting our incidental placements become fond of whatever bread and religion we are fed.

> *Listen,*
>
> *Who has salvation*
> *when we all claim it?*

CUENTA VI

No es como si inclinases el cuello delicado de tu alma desde la tierra de los bebés de Dios para señalar a una pareja que copulara y llamara tu atención.

No es así como funciona.

Te vendan los ojos y te lanzan por el túnel del cielo a la vida, y dondequiera que caigas es tu hogar.

La pareja judía puede estar haciéndolo
a la vez que sus vecinos musulmanes.

Donde vas a acabar
no lo sabe ni el querubín
que te empujó desde lo alto.

Crecemos, nos olvidamos de nuestro origen fortuito y hasta nos encariñamos con el pan y la religión con que nos alimentan.

Escucha:

¿De quién es la salvación
cuando todos la reclaman?

HONEYMOON AMONG SARGASSUM

LUNA DE MIEL ENTRE SARGAZOS

BEAD I

Had your Mexican mother
met my Iranian, would
they have foretold us
in tea leaves? Seen us
in throats of blind bats
in caves, deep in cenote Zacil-Ha,
luxuriant in our shade
of black, savage and supine?
Or in the cloudy discharge
that oozes from the cut
stem of an unripe fig?

CUENTA I

Si tu madre mexicana
hubiese conocido a la mía iraní,
¿nos habrían leído acaso el futuro
en hojas de té? ¿Nos habrían divisado
en las gargantas de los murciélagos enceguecidos
en sus cuevas, en lo profundo del cenote Zacil-Ha,
exuberantes en nuestras sombras
negras, salvajes y supinos?
¿O en el flujo turbio
que rezuma del tallo cortado
de un higo aún no maduro?

BEAD II

They are digging deep holes in the sand, these men who will later bring us huevos rancheros on hot clay plates. Sometimes they lean on their shovels and look past the shore into the belly of the horizon, through which once upon a time Spaniards came and never left.

> *Sweet as salt, pink as lazy pulse,*
> *immeasurable,*
> *biblical.*
> *Your finger in my mouth.*

CUENTA II

Estos hombres que más tarde nos traerán huevos rancheros en platos calientes de barro ahora están cavando hoyos en la arena. A veces se apoyan en las palas y miran más allá de la orilla, hacia el vientre del horizonte, por donde antaño llegaron los españoles y nunca se fueron.

> Dulce como la sal, rosado como el pulso lento,
> inconmensurable,
> bíblico.
> Tu dedo en mi boca.

BEAD III

They speak Mayan, these beautiful men. The vowels drawn and melodic, hammered by the throat in rhythmic beats.

We sprinkle stolen holy water
on our naked bodies in Tulum,
transform them
into unpronounceable charms
that un-scar old wounds.

CUENTA III

Estos hombres bellos hablan en lengua maya. Las vocales arrastradas y melódicas, martilleadas por sus gargantas en compases rítmicos.

> Rociamos agua bendita robada
> sobre nuestros cuerpos desnudos en Tulum,
> los transformamos
> en amuletos impronunciables
> que descicatrizan antiguas heridas.

BEAD IV

The holes are deep. They dig deeper. The sand is dawn-cold. The breeze, wet. Who do you bury today?

Yesterday in the park
hungry crows gathered
like spilled ink.
They whipped the air
into formation, like longing
for fire,
for you,
down to my feet
where ants flex their striated muscles.

CUENTA IV

Los hoyos son hondos. Los hombres cavan aún más hondo. La arena está fría al amanecer. La brisa, húmeda. ¿A quién enterráis hoy?

Ayer en el parque
los cuervos hambrientos se reunieron
como tinta derramada.
Azotaron el aire,
en fila, con anhelo
de fuego,
de ti,
hacia mis pies,
donde las hormigas flexionan sus músculos estriados.

BEAD V

Look, *they say, and point to what the sea has brought in overnight. An offering. Purposely severed from life. Piles of brown, swollen corpses.*

This swelling tide
breaks in drops of water
that fall like sacrilegious sins
over the furrowed brows
of cultivated fields— this,
your naked body next to mine.

CUENTA V

Mira, dicen, y señalan lo que el mar trajo durante la noche. Una ofrenda. Montones de cadáveres oscuros e hinchados. Arrancados a conciencia de la vida.

Esta marea creciente
estalla en gotas de agua
que caen como pecados sacrílegos
sobre las cejas surcadas
de los campos labrados: esta marea,
tu cuerpo desnudo junto al mío.

BEAD VI

The one with round cheeks and stubble on his chin says: Sargassum. *He pronounces it with flourish, lifts an armful of the floating fronds named by the Portuguese sailors after the Sargasso Sea. Robust, flexible. Piles of them browning the stretch of platinum sand.*

I well know
the exact measurement
of your lips,
the depth of your dimples,
the width of your eyes,
the circumference
of your navel,
the insistent curve
of your midnight.

CUENTA VI

El de las mejillas redondas y barba incipiente dice: *Sargazo.* Lo pronuncia con finura, levanta un puñado de frondas flotantes que los marineros portugueses bautizaron así por el mar de los Sargazos. Robustas, flexibles. Montones que doran la arena platinada.

Conozco
la medida exacta
de tus labios,
la profundidad de tus hoyuelos,
la anchura de tus ojos,
la circunferencia
de tu ombligo,
la curva insistente
de tu medianoche.

BEAD VII

Give them back to the sea, *I plead. The men shake their heads, black with shiny hair. Shrug.* La muerte, *they say. The sea never takes back the sacrifice.*

We are a shoreless lake, beloved,
skirtless mountains, dirt roads
to the end of nothing,
roots that cling
to the bottom of worn
boats crusted with our stories.

CUENTA VII

Devolvedlos al mar, les suplico. Los hombres de pelo negro y brillante niegan con la cabeza. Se encogen de hombros. *La muerte,* dicen. El mar no acepta de nuevo el sacrificio.

Somos un lago sin orillas, amor,
montañas sin falda, caminos de barro
hacia el fin de la nada,
raíces que se aferran
al fondo de barcos gastados,
cubiertos con nuestras historias.

BEAD VIII

The men gather the beached corpses, pile them high, those long, swollen limbs, salty wet, all veins, gas-inflated, gleaming in the rising red sun.

This hunger;
this space between this tongue
and your lips.
We disrobe and scale
all the while never departing
always entering one into another
breaking between the notes
of saxophone, oboe, violin.

CUENTA VIII

Los hombres recogen los cadáveres encallados, los amontonan, húmedos de sal, con las extremidades largas e hinchadas, solo venas, inflados de gas, resplandeciendo bajo el rojo sol naciente.

El hambre;
este espacio entre mi lengua
y tus labios.
Nos desvestimos, nos escalamos
sin separarnos ni un instante,
entrando siempre el uno en el otro,
irrumpiendo entre las notas
del saxofón, del oboe, del violín.

BEAD IX

In the Mayan ruins a hundred fifty kilometers west of these shores a dry well harbors piles of bones. Sacrifices to whatever gods were worshipped. The living roars like the sea.

It was always so
from the beginning,
this lavish sky
hidden behind a terrible storm,
this runaway train
that repeats itself
in folds and unfolds of light.
Desire is porous as thirst,
cloudy as the inside of this coconut
the mustached street vendor
breaks for us with a smile.

CUENTA IX

En las ruinas mayas, a ciento cincuenta kilómetros al oeste de estas costas, un pozo seco alberga montones de huesos. Sacrificios a los dioses adorados. Lo vivo brama como el mar.

Siempre ha sido así,
desde el principio,
este cielo opulento,
oculto tras una terrible tormenta,
este tren desenfrenado
que se repite
en pliegues y despliegues de luz.
El deseo es poroso como la sed,
turbio como el corazón de este coco
que el vendedor ambulante bigotudo
parte sonriendo para nosotros.

BEAD X

The beach has been restored to its immaculate gold. The men have come in, washed, brewed our coffee, heated the stove for eggs.

Your skin, this blade of grass smell, our
repeating limbs from the sweat-soaked
sheets, before daybreak's quick pulse,
like the heartbeat of a frog. And there, too,
buried sargassum… still, bleeding the sea.

CUENTA X

La playa ha vuelto a su oro inmaculado. Los hombres entraron, se lavaron, nos prepararon el café, encendieron el fuego para el desayuno.

> Tu piel, este olor a briznas de hierba, nuestros
> miembros multiplicados en sábanas empapadas
> de sudor, antes del pulso acelerado del amanecer
> como los latidos de una rana. Y de nuevo,
> sargazo enterrado… el mar aún sangrando.

UN-BLINKING EYES

OJOS QUE NO PARPADEAN

BEAD I

The night of the dance I wore
an ankle-length caftan, hiding
my body beneath its airy flow, flat
shoes not to be too tall,
and my roommate's lipstick,
brighter than orange juice.

He was a prince who could have picked
any of the boarding-school girls—
Suzie with one eye blue,
full-breasted Victoria,
or the girl from India with a waist
slender as a drumstick tree.

But the sixteen-year-old Saudi royal
asked me *for the first dance, then the second,*
then for the rest of the night, as boys and girls
disappeared into dark corners while
chaperones dozed off in the hall
nipping Hennessy from tiny silver flasks.

My prince was shy, but not too shy
to slowly drop his hand and squeeze,
his lips on mine, the knife
in his pocket on my groin.

CUENTA I

La noche del baile yo llevaba
un caftán hasta los tobillos, que ocultaba
mi cuerpo bajo su vuelo, zapatos
planos para no parecer tan alta,
y el pintalabios de mi compañera de piso,
color zumo de naranja.

Él era un príncipe que podría haber elegido
a cualquiera de las internas:
a Suzie, la del ojo azul,
a Victoria, la de pechos grandes,
o a esa chica de la India con la cintura
fina como un tallo.

Pero ese príncipe saudí de dieciséis años
me pidió *a mí* el primer baile, el segundo,
y así el resto de la noche, mientras los chicos
se escapaban con las chicas a rincones oscuros
y los chaperones se quedaban dormidos en el vestíbulo
apurando sorbos de Hennessy de sus petacas plateadas.

Mi príncipe era tímido, pero no demasiado:
lentamente bajaba la mano y me estrujaba,
sus labios sobre mis labios, la navaja
de su bolsillo clavándose en mi ingle.

On the ride back the girls taunted me,
Camel driver's virgin, *imitated my accent*
singing, Don't Touch The Merchandise,
mocked me for pushing away the fetching prince
so hard he fell on his ass and twisted his wrist.
What did he do? Stick his finger up your…?

That evening I packed my bag, slipped out
just as the sun exhaled its first breath into night,
took the first Eastbourne rail to London.
I hid beneath a beat-up hat, collar pulled up,
and by the time the headmaster was informed,
called the police and my anxious parents overseas,
I was at my clueless cousin's boarding house nibbling
baklava, drinking hot tea from a chipped cup.

I shivered beside a coin-operated heater, ate
fish and chips on yesterday's newspaper, and read
Neruda, Farrokhzad, for a week, Tolstoy, and Austen.
Quietly I thanked my father for giving me time
to strengthen the sinew that held my heart.

It rained and I didn't go out, avoided my big-boned
cousin with her roto-rooter tongue and the nose
of our grandmother who could smell anything
rotting inside the heart. I turned the cracked mirror
in my room towards the wall. Someone
had scribbled "HELP" on the back.

En el viaje de vuelta, las chicas se burlaban de mí:
Es una mojigata. Imitaban mi acento
cantando «Don't Touch The Merchandise»
y se reían porque había empujado al apuesto príncipe
con tanta fuerza que se cayó de culo y se torció
la muñeca. *¿Qué te hizo? ¿Te metió el dedo en…?*

Esa noche, en cuanto el sol exhaló su primer aliento,
hice la maleta y me escapé.
Tomé el primer tren de Eastbourne a Londres, oculta
bajo un viejo sombrero y con el cuello del abrigo alzado.
Para cuando el director se enteró y llamó a la policía
y a mis padres, preocupados en el extranjero,
yo ya estaba en el internado de mi inocente prima.
Desmigaba *baklava* y bebía té de una taza desportillada.

Temblaba junto a la vieja estufa, comía *fish and chips*
en el periódico del día anterior y una semana entera
leí a Neruda, a Farrojzad, a Tolstói y a Austen.
En silencio le di las gracias a mi padre por darme tiempo
para fortalecer ese ligamento que sujeta el corazón.

Llovía y no podía salir, evitaba a mi prima,
de huesos grandes, con su lengua de taladro y su nariz
como la de la abuela que podía oler cualquier cosa
que se te pudriera en el corazón. Giré el espejo roto
de mi cuarto hacia la pared. Alguien
había escrito «SOCORRO» por detrás.

The rose-splattered wallpaper looked scrubbed
with day-old coffee. The lone sofa sagged
with the weight of absent occupants the way
my lips still felt the heaviness of that first kiss.

In the end what mattered, I learned,
were the smallest blessings:
the milk-sweetened tea or the miracle
of scalding water from the ancient bathtub faucet.
What counted were my widowed cousin
holding her own in a foreign land,
and the grit to say no
to what is hurled—words, glances, bullets, all.

Las rosas del papel pintado parecían restregadas
con café viejo. El sofá, solitario, se hundía por el peso
de unos ocupantes ausentes igual que mis labios
aún sentían la pesadez de aquel primer beso.

Al fin y al cabo, lo importante, aprendí,
eran los pequeños regalos de la vida:
el té endulzado con leche o el milagro
del agua caliente en el grifo de la antigua bañera.
Lo que contaba era que mi prima, viuda,
se ganaba la vida en un país extranjero,
y también la valentía para decir que no
a quienes nos arrojasen palabras, miradas, balas, todo.

BEAD II

The day we lose my brother, I am six.

Daddy comes home loud as the Coca-Cola truck.
How do you lose a three-year-old?
Mama cries and pulls at her freshly curled hair.

The policeman says: Check with the neighbors.
We knock on every door, two streets up, five streets down.
Every time we hear a child cry,
Daddy's knees melt like ice cream,
Grandma crumbles like a cracker and waves
her arms at God.

I go to the end of our garden, pull a chair out of the shed,
climb up and breath-whisper into my cupped palms.
I tell the birds: Omid's missing.
My little brother.
Have you seen him? Help us find him please.

Finches flitter from branch to branch.
Doves coo from among the leaves.
Warblers fuss and consult.

CUENTA II

El día que perdemos a mi hermano, tengo seis años.

Papá vuelve a casa ruidoso como el camión de Coca-Cola.
¿Cómo se pierde a un niño tan pequeño?
Mamá llora y se tira del pelo recién ondulado.

El policía dice: *Pregunten a los vecinos.*
Llamamos a cada puerta, dos calles arriba, cinco abajo.
Cada vez que oímos llorar a un niño,
las rodillas de papá se derriten como helados,
la abuela se desmigaja como una galleta y alza
los brazos hacia Dios.

Voy al fondo del jardín, saco una silla del cobertizo,
me subo y murmuro en el hueco de mis manos.
Les digo a los pájaros: *Mi hermano Omid ha desaparecido.*
Tiene tres años.
¿Lo habéis visto? Ayudadnos a encontrarlo, por favor.

Los pinzones revolotean de rama en rama.
Las palomas arrullan entre las hojas.
Las currucas se alborotan e investigan.

And then it's like a silly cartoon.
My little brother emerges
from the back shed, a tiny barefoot bird
in diapers, covered head-to-toe
with feathers from Grandma's discarded quilt.

Y luego es como un dibujo animado tonto.
Mi hermano pequeño emerge
del cobertizo trasero: un pequeño pájaro en pañales
descalzo y cubierto de pies a cabeza
con plumas de la vieja colcha de la abuela.

BEAD III

Niece,
I remember when they cut your mother
and pulled your sister out, then you,
and how you cried and cried.
You never wanted to be here.
Right from the start.

I open Mama's old prayer book
but the words billow like rain.
I wish you had loved
one thing enough to make you
want to stay; the orange sunsets,
your drooling dog, the fig tree
in the backyard, your twin sister's mole,
Cheerios in cold milk.

Washing your body now,
twenty-four years of bones and flesh
laid out tall and stiff on this hard table,
is the cruelest task.

I stand here full of heartbeat.
Touching you is like dipping hands in a cold sea.

CUENTA III

Sobrina,
recuerdo cuando abrieron a tu madre
y sacaron a tu hermana, luego a ti,
y cómo llorabas y llorabas.
Nunca quisiste estar aquí.
Desde el principio.

Hojeo el viejo libro de oraciones de mamá,
pero las palabras oscilan como la lluvia.
Ojalá hubieras amado algo
tanto como para querer
quedarte: los atardeceres anaranjados,
tu perro juguetón, la higuera
del patio trasero, el lunar de tu hermana gemela,
los Cheerios con leche fría.

Lavar tu cuerpo ahora,
veinticuatro años de carne y huesos,
extendido, alto y rígido, sobre la mesa,
es la tarea más cruel.

Aquí, a tu lado, soy el latido de mi propio corazón.
Al tocarte, mis manos se sumergen en un mar frío.

I soak a porous sponge in water scented
with rose, brush it against your neck,
along your arms, those long, thin legs.
There is a tampon still inside, the string
hanging out like the detonator of a bomb.

Darkness bends over itself to devour
what it will not hold—
the boy you loved watched you cry,
take a handful of pills,
and said nothing.

Empapo una esponja en agua perfumada
de rosas, la froto contra tu cuello,
a lo largo de tus brazos, de tus piernas largas y finas.
Hay un tampón todavía dentro, el cordón
cuelga como el detonador de una bomba.

La oscuridad se recoge para devorar
aquello que no puede retener.
El chico que amabas te vio llorar,
tomar un puñado de pastillas,
                    y no dijo nada.

BEAD IV

Is that my son they're rushing to, crushed like a can of beans in his small Infiniti? Police cars, two ambulances, a tow truck.

I keep to the slow lane, ready to jump out, bulldoze the police, scratch my way through the emergency crew, for his body, all six foot six of Alex, there on the hot asphalt, shirt blushing with blood.

But no.
Another mother's child.

> *Later, as we eat my Mama's roasted*
> *beef, grilled tomatoes, and bowls*
> *of cool tangerine-scented pudding,*
> *Alex's face flashes: The new job at JPL,*
> *the girl from Russia he loves,*
> *the downtown apartment he wants to rent,*
> *the life he imagines he will forever live.*

CUENTA IV

¿Es hacia mi hijo hacia quien se precipitan, aplastado como una lata de judías en su pequeño Infiniti? Coches de policía, dos ambulancias, una grúa.

Me mantengo en el carril lento, lista para saltar, arrollar a la policía, abrirme paso entre el equipo de emergencia, hacia su cuerpo, el metro noventa y ocho de Alex, allí sobre el asfalto caliente, la camisa sonrojada de sangre.

Pero no.
Es el hijo de otra madre.

> Más tarde, mientras comemos la carne asada
> de mamá, tomates a la parrilla y pudin
> refrescante con aroma a mandarina,
> la cara de Alex se ilumina: un nuevo trabajo en la
>   NASA,
> la chica rusa a la que ama,
> ese piso en el centro que quiere alquilar,
> la vida que imagina que vivirá para siempre.

BEAD V

And I thought, perhaps Daddy was right.

At nine I imagined the dots
on our pet fish
as unblinking eyes, dark holes
that took in our distorted faces
through the sky of her plastic tank.

My brother's fingers made waves
in her world, sent her scurrying
behind the fake foliage, the way his pounding
kicks on my bolted bedroom door sent me
hiding behind my unsteady bookshelf,
chewing on long strands of my wild hair.

Every year, Daddy replaced the hole-ridden
bedroom door, until one day he didn't—
as punishment, *he said, because:*
What do you do daughter to incite him so?

I began to conceal the kick marks and dents:
Magazine faces thick with makeup,
curvaceous bodies in short skirts holding up

CUENTA V

Y pensé que tal vez papá tenía razón.

Con nueve años imaginaba los lunares
de nuestro pez
como ojos que no parpadeaban, agujeros oscuros
que captaban nuestros rostros distorsionados
a través del cielo de su pecera de plástico.

Los dedos de mi hermano hacían olas
en su mundo, mandándolo a correr
tras la hierba falsa, igual que sus patadas
atravesaban la puerta cerrada de mi dormitorio
y me obligaban a esconderme tras mi inestable estantería,
masticando los largos mechones de mi pelo salvaje.

Cada año, papá reemplazaba la puerta agujereada
de mi cuarto, hasta que un día dejó de hacerlo…
Como castigo, dijo, porque:
¿Qué le haces, hija, para que se altere tanto?

Empecé a disimular las marcas de sus patadas y golpes:
rostros de revistas embadurnados en maquillaje,
cuerpos curvilíneos con minifaldas sosteniendo

a box of detergent, a tube of toothpaste,
their impeccable orthodontic smiles…

and I thought, perhaps Daddy was right—
my brother was *always after something,*
the marble I found and claimed, the bowl
of cherries I sequestered, or those records
I played on my red turntable, refusing
to share that corner
of joy carved from air,
mine alone. Then, now. Last night,
at Mama's house, after a meal
of lamb smothered in saffron sauce, potatoes
fried to a crisp, rice slippery with butter,
my brother wanted again. He kicked
with his words, called me whore
because I live with a man out of wedlock.

What is he after now? Abroo*?*
Honor, "clear water on the face" to blur sins
the way our courtyard pond hid its algae
imagining itself the nocturnal seat of the moon?

Or is my beloved brother
(and believe me, I love him)
after something I can never fathom,
universally virile— something
perhaps only a fish with a hundred
unblinking eyes may see?

cajas de detergente, dentífricos,
con impecables sonrisas de ortodoncia…

Y pensé que tal vez papá tenía razón;
mi hermano siempre iba detrás de algo:
la canica que encontré y reclamé, el cuenco
de cerezas que escondí, o la música
que ponía en mi tocadiscos rojo, negándome
a compartir ese rincón
de alegría esculpido en el aire,
solo mío. Entonces y ahora. Anoche,
en casa de mamá, después de cenar
cordero ahogado en salsa de azafrán, patatas
crujientes, arroz cremoso con mantequilla,
mi hermano quería algo otra vez. Me pateó
con sus palabras, me llamó puta
por vivir con un hombre sin estar casada.

¿Qué busca ahora? ¿*Abroo*?
¿Honor, «agua clara en el rostro» para encubrir pecados,
igual que el estanque de nuestro patio ocultaba sus algas
y se creía a sí mismo el trono nocturno de la luna?

¿O es que mi querido hermano
(y creedme, lo quiero)
va en busca de algo que nunca comprenderé,
algo universalmente viril,
que quizá solo un pez con cien ojos
que no parpadean puede ver?

BEAD VI

Mama is upstairs blow-drying her curls. At eighty-five, her hair is still thick as eels, plentiful as a blessed wheat harvest. She rolls each section on a round brush, keeps it under heat until it steams like punishment. We are downstairs, Daddy and I. He sits on an old couch, cracking pistachio nuts.

There is a large piece of almond cake in my mouth when Daddy leans over, says: Did you know I was crazy in love with another woman when I married your mama?

His eyes are moonlighting in the well of their irises. I take a gulp of tea. It burns the lining of my throat. He lifts his thumb and forefinger to draw in the air the shape of her chin, the height of her cheekbones, the depth of dimples on her round cheeks.

I wonder where she is now, *he mumbles more to himself than to me, then cracks open another nut, pops the salty kernel in his mouth and chews absentmindedly. His thin graying mustache rolls like a tiny wave.*

I met her on a train, *he says.* She got off in a village. The next week I rode the same train to the same station, got off

CUENTA VI

Mamá está arriba secándose los rizos. A sus ochenta y cinco, su pelo sigue siendo grueso como una anguila, abundante como una cosecha de trigo. Enrolla cada mechón en un cepillo redondo y lo calienta hasta que echa humo igual que un castigo. Papá y yo estamos abajo. Él está sentado en el viejo sofá, abriendo pistachos.

Tengo un gran trozo de tarta de almendras en la boca cuando papá se inclina y dice: *¿Sabías que estaba locamente enamorado de otra mujer cuando me casé con tu madre?*

Sus ojos se encienden como la luna al fondo de sus iris. Tomo un trago de té. Me quema la garganta. Levanta el pulgar y el índice y dibuja en el aire la altura de sus pómulos, la profundidad de los hoyuelos en sus mejillas redondas, la forma de su barbilla.

Me pregunto dónde estará ahora, musita más para sí mismo que para mí. Luego abre otro pistacho, se mete el fruto salado en la boca y mastica distraído. Su bigote ralo y canoso se enrolla como una ola diminuta.

La conocí en un tren, dice. *Se bajó en un pueblo. A la semana siguiente tomé el mismo tren hasta la misma estación, bajé y*

and asked my way to her home. You could do that in those days in Iran. Their door was blue, peeling from neglect or poverty. I never forget how she looked in that pink dress. It was long but pinched at her waist, showing off her figure; three layers of white ruffles fell over her chest like this. *He surfs both hands the way a king waves at his subjects, then slides his gaze past the lemon tree outside to a place even more distant than memory.*

She opened the door, *he continues,* like she was expecting me; invited me to stay for lunch. Her mother spread a flowery vinyl tablecloth on the floor over which she laid out rice and eggplant stew, yogurt drink and cold melon. *He looks down and rubs the back of his hand.* They switched on the radio. Marzieh was singing. Her father said, "Bah-bah, welcome to our humble home". That's how they welcomed this tall, rich city boy… and why not?

Daddy takes a deep breath and sinks into himself like a rusted ship. He is now in his own forgotten country on the other side of his thick glasses. He mutters: I never went back. Didn't bother. Your grandfather would never have approved. Of her.

So you gave up your love? *I ask.* For family? Approval?

The baritone-roar of hairdryer stops like the engine of a plane that has just arrived. Mama descends the narrow stairs like a queen in a fluffy blue robe. She says, What are you two whispering about?

pregunté el camino a su casa. Eso se podía hacer en aquella época en Irán. Su puerta era azul, desconchada por el descuido o la pobreza. Nunca olvidaré cómo lucía con aquel vestido rosa. Era largo pero ceñido y resaltaba su figura; tres capas de volantes blancos caían así sobre su pecho. Agita las manos como un rey saludando a sus súbditos. Luego desliza la mirada más allá del limonero que hay fuera, hacia un lugar aún más lejano que el recuerdo.

Me abrió la puerta, continúa, *como si me hubiera estado esperando; me invitó a quedarme a comer. Su madre extendió en el suelo un florido mantel de hule y dispuso arroz y un guiso de berenjenas, bebida de yogur y melón frío.* Baja la mirada y se frota el dorso de la mano. *Encendieron la radio. Marzieh estaba cantando. Su padre dijo: «Bah-bah, bienvenido a nuestro humilde hogar». Y así le dieron la bienvenida a este chico alto y rico de ciudad... ¿y por qué no?*

Papá toma una bocanada de aire y se hunde en sí mismo como un barco herrumbroso. Ahora está en su propio país olvidado, al otro lado de sus gruesas gafas. Murmura: *Nunca volví. Ni siquiera me molesté. Tu abuelo nunca la habría aceptado.*

¿Así que renunciaste a tu amor?, pregunto. *¿Por la familia? ¿Por su aprobación?*

El bramido baritonal del secador se detiene como el motor de un avión que acaba de aterrizar. Mamá baja las escaleras estrechas como una reina en su bata de franela azul. Dice: *¿Qué estáis cuchicheando vosotros dos?*

It's not a question. She doesn't wait for an answer because she imagines there is nothing about Daddy she does not know. Not after fifty-five years. She shuffles in her slippers into the kitchen to make the evening's meal of rice and stew.

Daddy empties his plate of pistachio shells into the trash, switches on the TV, puts up his legs and before long he is snoozing into the rhythm of a game show.

Mama is frying onions now. The sweet smell permeates the room with nostalgia. She hums to a tune under her breath and I think: Mistakes are the sinews that hold our bones.

No es una pregunta. No espera una respuesta porque imagina que no hay nada sobre papá que ella no sepa. No después de cincuenta y cinco años. Se desliza en zapatillas hasta la cocina para preparar la cena de arroz y guiso.

Papá vacía las cáscaras de pistacho de su plato en la basura, enciende el televisor, levanta las piernas y no tarda nada en dormitar al ritmo de un programa de concursos.

Mamá se pone a sofreír cebolla. El olor dulzón impregna la casa de nostalgia. Tararea una melodía en voz baja y yo pienso: los errores son los ligamentos que sostienen nuestros huesos.

THE TALLY

RECUENTO

BEAD I

The moon rose bright and night drove us into dizzy exile.
Language became a desert with no name.

> *In the end, friend, what is there to do*
> *but to continue to believe*
> *the same sun that burns away forests and skin*
> *gives prairies of daisies and groves of pears.*

That night the lilies on Mama's table were her eyes. Sunbursts of disbelief.

CUENTA I

La luna se asomó resplandeciente y la noche nos condujo hacia un exilio vertiginoso. El lenguaje se convirtió en un desierto sin nombre.

> Y qué hacer, después de todo, os pregunto,
> sino seguir creyendo
> que el sol que abrasa los bosques y la piel
> también ofrece margaritas y huertos de perales.

Aquella noche los lirios en la mesa de mamá eran sus propios ojos. Rayos de sol de desconcierto.

BEAD II

We're attending a funeral in the same cemetery where our parents have bought their burial plots. After the service they insist we walk over and see. There's a bench, *says Daddy,* and a shade tree. In case you want to come and visit. Often, I hope.

She doesn't come often when we are flesh, *says Mama,* why would she come when we're just bones? *She rings an arm around mine and we navigate the graves.*

Mama's knees buckle with every step.
She, who always glided as if on rollerblades.
Daddy walks ahead, careful not to step
on the names of the dead.

We goad our parents to lie down.
And to our surprise, they do.
Even the sparrows suddenly fall silent

as we lift up our phones to capture
Mama and Daddy
practicing their own absence.

CUENTA II

Asistimos a un funeral en el mismo cementerio donde nuestros padres compraron sus parcelas. Después de la misa, insisten en que vayamos a verlas. *Hay un banco*, dice papá, *y un árbol que da sombra. Por si quieres venir a vernos. A menudo, espero.*

No viene a menudo ahora que somos carne, dice mamá, *¿por qué iba a venir cuando solo seamos huesos?* Me agarra del brazo y me lleva a navegar entre las tumbas.

Se le doblan las rodillas a cada paso.
A ella, que siempre se deslizaba como sobre
patines.
Papá camina delante, con cuidado de no pisar
los nombres de los muertos.

Animamos a nuestros padres a tumbarse.
Y, para nuestra sorpresa, lo hacen.
Hasta los gorriones se callan de repente

mientras levantamos los teléfonos para capturar
a mamá y papá
practicando su propia ausencia.

BEAD III

Listen,
nothing's too small
for gratitude.

  A midnight touch, a healthy kick
  inside the womb,
teeth in your mouth,
this bowl of steaming rice.

A woman at the village café
watches her daughter sip tea
from a cup round and smooth as her head,
                    chemo-bald,
radiant under the morning sun.

A man pitches his cardboard tent on the side of the road
and pulls a discarded blue quilt up to his chin against
 the cold.
Another hits a bump in his Tesla
and says SHIT, *bouncing his children into toothy laughter.*

CUENTA III

Escucha,
nada es demasiado insignificante
para la gratitud.

    Un toque a medianoche, una patadita
    en el vientre,
dientes en la boca,
este cuenco de arroz humeante.

Una mujer en el café del pueblo
observa a su hija tomar té
de una taza redonda y lisa como su cabeza,
                                        calva por la quimioterapia,
radiante bajo el sol de la mañana.

Un hombre monta su tienda de cartón a un lado de
  la carretera
y se tapa hasta el mentón con una colcha azul desechada
  para protegerse del frío.
Otro se salta un bache con su Tesla
y dice: *MIERDA*, haciendo que sus hijos se rían a
  carcajadas.

The woman will take her daughter home,
will kiss her cheeks, still warm.

Say it:
gratitude.

The cotton sheets, roof, your breath—
crinkled paper napkin on which I write,
and this cheap pen on its last stretch of ink.

La mujer se llevará a su hija a casa
y le besará las mejillas, aún calientes.

Dilo:
gratitud.

Las sábanas de algodón, el techo, tu aliento;
la servilleta de papel arrugada en la que escribo
y esta pluma barata en su último tramo de tinta.

ÍNDICE

COLOUR OF LOSS / EL COLOR DE LA PÉRDIDA

THIS COFFIN / ESTE ATAÚD

THE WORLD GROWS BLACKTHORN WALLS / AL MUNDO LE CRECEN MURALLAS DE ESPINOS

PLEASE STOP / PARA, POR FAVOR

UN (LOVERS) / DES(AMORES)

PINK / ROSA

FAITH / FE

HONEYMOON AMONG SARGASSUM / LUNA DE MIEL ENTRE SARGAZOS

UN-BLINKING EYES / OJOS QUE NO PARPADEAN

THE TALLY / RECUENTO

Esta primera edición de *Ábaco de la pérdida*
se acabó de imprimir el 28 de abril
de 2025 en Madrid.